Uređuje
Dragan Lakićević

Likovno oblikuje
Dobrilo M. Nikolić

znakovi pored puta

Tiodor Rosić
PSEĆA KOZA
roman

Rad | Beograd
 | 1990

1

Bilo je leto, početak avgusta, kad sam doputovao u varoš na sastavcima Raške i Jošanice — u čijoj se staroj čaršiji meša miris somuna, ćevapa, bureka, s mirisom prašine i voća iz piljarnica. Došao sam da obiđem roditelje i kćerku koja je leto provodila kod njih.

Tokom popodneva, sedeo sam ispod kuće, u hladu stare lipe; pušio, pio kafu, držao kćerku u krilu, raspitivao se za poznanike, bivše profesore i rodbinu. Kazivali su mi ko je umro, kome se rodilo, ko se razveo, čiji se sin oženio...

Sunce obavilo posao, natopilo plamičcima zemlju, voćku, vodu, kamen; bacilo zračak-dva s Đurđevih stupova, niz varoš; prošaralo borje na obližnjem bregu; spokojno zašlo. Zašumelo jošje — bele i crne jove, dugonoge jasike; promeškoljili se oniski vrbaci; pirnulo s Jošanice; zatreptalo lišće, zašumelo, otpočelo priču o davljeniku Jovanu i jovama izniklim iz njegovog groba: beloj, sivoj i crnoj. Drveće natkrilo reku, trepti, pruža grane da Jovan noću iskoči iz vode, uspuže se, šeta s grane na granu, uz reku niz reku.

Jošanica je dobila ime po Jovi, jovama i jošju. Stanovnici jalije, s desne obale Jošanice, noću ne bi nizašta na svetu izašli na sprudove, zagazili prema matici, nadneli se nad vodu. Tu je onaj koji vreba, koji takve veže u oputu, povlači na dno. Stanovnici leve obale ne obaziru se na to, gaze vodu u svako doba. Kažu, zbog toga su malo čuknuti, desno oko im se smeje, levo plače.

Ograda pred kućom išibana vetrom, ispečena suncem, iskrivila se, natrulila. Delila je našu kuću, ispod kuće baštu, od kuća Lazara Crnobrada, Brnovca Vučine i Vraneša Milovanca. Kuća do kuće, dele ih ograde. Dvorišta odvojena zidom od sokačeta na koje se izlazi. Zidom su ograđene i bašte ispod kuća, od avlije Turčina Mezira. Njegova avlija ogromna — konja da igraš. Kafedžija, starac, priča se, dukatima u kući zapatio rosu — doveo prelepu Hajriju.

Kroz bašte i kapidžike može se na jaliju. Iz vrta Brnovca Vučine prođe se, na primer, kroz kapidžik u Mezirovu baštu; ako čovek živ izađe, ako ga Mezir ne spazi, ne pomisli da je tu da gleda njegovu ženu, ako ne ubijo Mezira, ili na neki drugi način fortuna bude na njegovoj strani, prođe kroz još jednu avliju, može stići u Nailinu baštu. Ako ga Naila, puteno, sočno žensko za kojom mnogi čeznu, ne zadrži na konaku i ne pozove na kafu, izbije kroz njen kapidžik na obalu; među jove, vrbake; udari na vodu.

Pisac ovih redova rado bi kroz kapidžike i bašte kod Naile. I on je čovek. Zamišlja je u providnoj spavaćici. Avaj! Odvikao se od života na jaliji, a nije oduševjen Mezirom. Ljut je na Vraneša, jer je on voli. U tome nema mere, ni za koga drugog ne ostavlja nadu. Iako neće da prizna: mrzi Kurda Mujezina, on nije svešteno lice, njegovi požudni snovi ispunjeni su Nailom. Sladostrasnik!

Jove su utihnule, vetar prestao, liske se umirile kad je naišao Lazar Crnobrad — iza njega skakutao je Tori. Nisam ni slutio da je i pre toga sve počelo.

2

Onaj ko je rođen da puzi, ne može da leti — zvonilo je u ušima Lazaru Crnobradu, niz prašnjav drum. Za njim je, mašući repom i isplaženog jezika, dahtao Tori. Zrikavci su, iz tek požnjevenih njiva i pokošene, oštre, spečene trave, ispredali jednoličnu, složnu pesmu. Suv vazduh je palio grlo, letnja jara pekla usne. Išao je pored Trnavice, prošarane žabokrečinom u virovima.

„Svinjo", rekla mu je žena. „Idiote!" uzviknula je. „Ubio te bog!" čuo je za sobom kad je izašao. „Smrdljivi stvore, dabogda vrat slomio!"

Došao je do kržljave vrbe na okuci, zastao ispod njenog oskudnog hlada. Oslonio se o deblo vrbe, o kvrgavo stablo spečeno od godina, ratova, studeni, žega, kiša, grada, snegova. Oslonio se o vrbu — šumsku tugu — okovanu u tucanik da se guši u prašini, dočekuje, ispraća u tuđinu, raduje se i plače.

Pored nje je nekad, kao regrut, proneo vojnički kofer, sivomaslinaste boje, s vunenim čarapama i nužnom preobukom. Krenuo je da gradi socijalizam, da „služi narodu", uzvikuje „Trst i Rijeka biće naši do vijeka", ratuje s klasnim neprijateljem, ostacima mračnjaštva, gradi, pronosi baklju prosvećenosti, nauči da socijalizam rađa čoveka, da nastupa svetla i veličanstvena budućnost.

Rođen da puzi, zgažen, slabić, puzavac, treba da prizna. Slomila mu dušu, otrovala nadu, unizila.

Izgubio je životnu radost, oslonac. Presečene su niti koje ga spajaju s roditeljima. Jalovak, opustošene duše, u detetu ne gaji praroditelja. On je kao vrba — nema roda.

Pipa ispucalu koru vrbe nad Trnavicom, rečicom koja leti gotovo presuši, u kojoj se legu zmije i akrepi. Ona pamti sanduk na volujskim kolima i telo njegovog oca, strica, vrisak lude Mejre, njenu mrtvačku dasku. Pored nje su prolazili odmetnici i bašibozluk. Mogla bi da priča šta je bilo kad je oslobodilac, ratnik, ljubitelj ikona, glumica, heroj o kome se pevaju pesme, stigao u Srbiju i krenuo u Srem. Nije videla ikone koje je proneo, ali je gledala limene sanduke; u gunjevima prokisle seljake, krstače, ugašene sveće na sanducima, na kanatima fenjere. Gledala je kako su najbolji domaćini s crnom zemljom venčavali jedince. Mogla bi da posvedoči da je i do nje dopro vrisak Bogorodice Crnorečke, kad su je uzeli s ikonostasa, strpali u džak, da nose komandantu. Crkveni zvonar se kleo da je plakala, pružala ruke s ikone, ogrebala bucmastog priglupog vojnika. Gde je kanula njena suza stvorilo se vremenom biserje. Put kojim je proneta zovu biserni; put kojim su sa sremskih klanica vraćali limene sanduke, u sanducima neobučenu čobančad — limeni. Niko ne zna kako se zvao vojnik. Kažu da mu se rana na ruci podljutila, inficirala, da je umro u strašnim mukama.

Kržljavo lišće vrbe zatreptalo je iznad Lazareve glave. Pirnulo je niz Trnavicu. Topao vazduh pomilovao mu je uši, oznojeno čelo, prostrujao preko grudi i kroz raskopčanu košulju, okrznuo vrbu, poigrao se liskama i nestao.

Vrba pamti petrolejke, kožne kapute i Oznu. Strese se, zašušti kad ko prođe na motoru. Pričini joj se Ćurčija u kožnom kaputu. Pamti nedoznačena, s Rogozne terana drva, stada koza, državnih neprijatelja — koze kako ih posle Uredbe gone da sakriju u pećine. Pamti njegovu tugu. Radost se zaboravlja. Veseli časovi su sapunica.

Pored vrbe je Zukan odsekao uvo Radošu Čuljku, bacio ga i popišao. Po tome je dobila ime Čuljkova vrba.

Gledajući iznad Netvrđa, iz zbega, iz bežanije, na drum, prema vrbi i sad vidi kolonu arnautskih i muslimanskih zulumćara u SS-uniformama. Bleje ovce, mekeću koze, plaču deca, prosipa se na brzinu uzeto žito, oseća se na paljenu vunu i garež. Nebo pamti, samo se iznad vrbe belasa...

Odvojio se od drveta.

Kako da prizna — to nije krv njegove krvi, telo njegovog tela, potomak njegovog pretka. Zmija, podla, pokvarena zmija! Dokazano — Zulfa laže. Veštačenje pokazalo — jalov je. Kako da posluša lekara? Kako da se pozove na veštačenje? Sa Zulfom nije imao ništa. Marta, ljubljena, voljena, cenjena žena, njegova supruga, donela mu dete u miraz? Jalovak! Kako da se na sudu pozove na veštačenje? Ako kopile nije njegovo, onda ni Nenad nije njegov. Njegov sin, tuga, nije njegov.

Tori se pridigao, protegao i krenuo ka Lazaru. Pogledao ga ispod oka; kao da je želeo da kaže: „U pravu si, Lazare, onaj ko je rođen da puzi ne može da leti!" U njegovom pogledu, lukavom, sažaljivom, pukla je sva bruka. Ljudi zaziru od ljudi, kriju se. Psima se pokazuju. Greška. Torijev pradeda dobro je video ko je dolazio kod Lazareve žene, s kim se sastajala. Tori i bog su svedoci da Lazar nije imao ništa sa Zulfom.

Ne može da veruje. Kako je mogla? Ljubav, detinjstvo — kud se delo.

„Kučka!" rekao je Lazar. „Tolika podlost!" uzviknuo je. Osetio je da ga nešto nevidljivo steže iznad prepona, da mu ruke malaksavaju. Nije otac kopiletu, ali ni svom sinu.

Krenuo je dalje.

3

Obesio se, miš o nadu — govorilo se u Semenjači ispod Đurđevih stupova, u vremenima sušnim i oskudnim. Kad miševima nestane hrane, pojedu zasejano i izgrizu što se može gristi, vešaju se repovima o grane leske, vrbe, kruške i šljive, ostaju da vise dok ne krepaju.

„Puna Semenjača miševa", uzviknula je Angelina, žena Vraneša Milovanca, kad je ušla u avliju. „Priča teta Zoja, očima da ne poveruješ. To je sve zbog one prokletnice...", rekla je tetka-Staki, majci Brnovca Vučine i komšinici Vasviji, koje su sedele na doksatu i pile kafu.

Ispod doksata, duž zida Brnovčeve kuće, cvetala je perunika; zelene stabljike i ljubičasti bokori zapljuskivali su zidove nebeskom svetlošću, umivali ih.

„Kopile, nije šala, sve dok ne navrši godinu, neće biti kiše", dodala je Angelina, oslonivši se na ogradu koja je delila njenu od Lazareve i Brnovčeve avlije.

Uzaludno je bilo traganje za ocem kopileta. Nije pomogla ni Zoja, koja je znala šta treba učiniti da vampir više ne dolazi u kuću, da dete progovori, da ne mokri u postelju; kako da se odagna grad, šta treba činiti kad se sprema nevreme.

„Kučka!" uzviknula je Vasvija. „Obrukala, sestro, sve. Rospija!"

„Kad ide sagne glavu, rekao bi čovek — nema takve na svetu", primetila je tetka Staka.

„Potuljena. Kurva, sestro. Pašče!" zaključila je Vasvija.

„Miševi izgrizli koru. Penju se uz zidove. Priča hodžinica da su sišli do Čivutskog groblja, niz Potok!"

„Napasti!"

„Hodžinici ušli u postelju. Dva. Jurili se ispod pokrivača", nastavila je Angelina. „Ne sme žena da legne. Mogli su da joj odgrizu prst. Dojili joj kozu. Vime izgrizli..."

„Šta ćemo jest?" upitala je Vasvija.

„Ako, ako! Izrimio se narod", primetila je tetka Staka. „Uoči Svete Petke vriskalo iz Petrove crkve. Tutnjalo, hučalo. Neki glas govorio: 'Ja sam sveta Petka, iglama me izbodoše, peglama me izgoreše.' Niko ne poštuje praznik, sveca, oca i mater. Pogano vreme. Narod se izrimio!"

„Izrimio, sestro", potvrdila je Angelina.

„Hoćeš na kafu?" upitala je tetka Staka.

„Ne mogu, idem kući. Onaj moj još malo pa će rep na krsta... Šta, ljubavnik sišao u grad?" tiho je procedila, pokazujući prema Lazaru, koji je sedeo ispod kuće.

„Onomad su se tukli — bilo svašta. Bruka!" rekla je tetka Staka. „Ona otišla na selo, on za njom. Sad ga evo."

„Nije njegovo?" primetila je Angelina.

„Ko bi ga znao", rekla je tetka Staka. „Ne liči na kurvara, opet, davo ga znao..."

„Ma hajde", umešala se Vasvija. „Koliko je moj Salko toliko je i on. Nagovorili rospiju!"

„Što bi baš njega?" upitala je Angelina. „Nama para, oženjen..."

„Kurvina posla. Hvali žito u ambaru, a ženu u mezaru. Pogansuz!" uzviknula je Vasvija. „Baš njega sirotana!"

„On se savio o jadu, a ne o kurvarlucima", primetila je tetka Staka. „Ne zna šta će, jadničak. Ona njegova otrov."

„Otrov!" potvrdila je Vasvija. „Pojahala ga, sestro, pa ne pušta. Nema ničeg goreg od ženskog. Kamen joj usta!"

„Tačno!" složila se Angelina. „Hoće nas čut?" pokazala je prema Lazaru.

„Jok more, vidiš da je pijan!" uzvratila je Vasvija. „Pije od muke, sestro. Ni leć, ni oprat se, ni jest, baš ko hadalj — suva hleba i hajd. Nema tu ni žene, ni čoveka!"

„Teksirat je ufatio!" rekla je Angelina. „Tiše! Evo onog mog", pokazala je prema Vranešu koji se pojavio na vratima kuće.

Prvi sumrak spuštao se na krovove kuća, na bašte i ulice. Večernju tišinu zaparao je saz. Začula se darbuka, prigušena pesma.

„Dobro veče, komšija", rekao je Vraneš, prolazeći pored Lazara, koji je zurio u zid, prema Mezirovom dvorištu. Došao je do žena, pozdravio i njih.

„Akobogda?" upitala je tetka Staka.

„Na sunet, kod Mezira, suneti Bahtijara", odgovorio je Vraneš.

Zvuci saza kidaju dušu, šapuću, čeznu.

„Još mi nema Salka — brinem šta je sa njim. Ufati se s društvom... šta ću?" rekla je Vasvija.

„Tvoj s društvom, a moj i s društvom i s Nailom", zaključila je Angelina.

Perunike više nisu bile ljubičaste. Kako je veče odmicalo, tamnile su.

4

Čovek je kao rupa u zemlji, što više kopaš — sve je crnja. Što je Lazar Crnobrad više odmicao drumom prema varoši — putem kojim su nekad kiridžije preko Kosovske Mitrovice i Skoplja u Solun gonile u jesen hiljadu volova, do dve hiljade ovnova, trista hiljada koža, četiri stotine kanti masla, na stotine kaca sira, preko sto tona vune — korak mu je bivao sve kraći. Došao je do Gazilara, vojničkog groblja zaraslog u puzavicu i oštru travu, koja nikada nije košena. Zagledao se u sive, u zemlju utonule, iskrivljene i mahovinom obrasle nišane.

Ovaj svet nije ništa drugo do Gazilar. U njemu je nepoželjan, nema smirišta. Što je on tu, na groblju, kao Srbin i pravoslavac, to je i u životu. Tu da legne, imalo bi svrhe. Obučen je. Mogao bi da skokne do čaršije, kupi duvana i rakije askerima, hadžijama, muftijama, zaptijama, kajmakamima. Puše, srču kafu, ali, krišom, piju i rakiju. Kako će među svet goli? Ogrnuti amerikan platnom? Kako će iz smonice, iz zemljanog kreveta, kuće čiji je krov daščan, na jednu vodu. On bi, kao obučen, mogao. I tu bi pre pristao.

„Zatvori žvale", začuo je. „Krv te popila! Priselo ti... Tebe će ko popa iz Rajaca..." rekla je, poželevši da ga Arnauti kao popa, kad umre, iskopaju, svuku i leš bace psima, na put.

Kad je izjavio da se u Netvrdu pojavio besni golub, da kljuca bele crve, poželela je da ga uz Jošanicu pojaše karakondžula, da mu Zukan, baš kao vodeničaru Radoju, sveže u oputu mošnice i uvrne; da ga svuku, obliže sirovim telećim kožama, uveže i izlože na sunce, baš kao srpskog kaplara, koji je u povlačenju, žedan, ušao u arnautsko dvorište.

Zašto se desilo? Kako je došlo? Zašto mržnja, podla, prljava prevara? Kao da je juče bilo, igrao se s Martom *zeca*.

Puste ovce prema Pašinom brdu, prema manastiru, kako kad. Leto je, raspust. Jedan bude zec, drugi sudija, ostali su lovci. Sudija sedi, broji do dvadeset, trideset; lovci žmure, a zec se skrije. „Kreni, zejo!" poviče sudija. Onaj ko uhvati zeca bude zec, uhvaćeni — lovac. Ako zec dotrči do sudije a ne uhvate ga, on opet bude zec.

Lazar nije ni slutio, krijući se u žbunovima rujna ispod Đurđevih stupova, da će se s Martom nekoliko godina kasnije igrati muža i žene, da će igre klisa, kupe i ganjanje zmija uoči Jeremijinudne, biti zamenjeni bračnim nesporazumima.

Sve je počelo uoči Ivanjdana, ispod manastira koji je podigao veliki župan Stefan Nemanja. U pećini iznad Trgovišta, u Orlovoj pećini, zarastao u bradu, nepodrezane kose i noktiju, ležao je Nemanja na zaravni stene.

Na rukama i nogama imao je gvožda; lancem vezan za stenu, mogao je da ode do rupe iskopane u podu pećine, da se uspuže prema izlazu, pećinskim vratima, kroz koja je mogao da gleda vile u pećini Vilin razboj kako noću, spram vatre, tkaju otrovne košulje, svadbene darove najlepšim momcima. Iz Orlove pećine gledao je, danima, orlušine kako kruže; osluškivao Rašku kako romori dole, u bezdanu; posmatrao u daljini kako igraju prvi sunčevi zraci — brdo, koje je, poput zapaljenog stuba, plamtelo.

Sužanj, u kostret odeveni Nemanja, bačen u pećinu zbog zlobe zavidne braće, molio je svetog Đorđa: „Sveti i veliki ugodniče, Hristov Georgije", podigavši okovane ruke, klečeći na kamenom podu pećine, govorio je „budi milosrdan meni strastnom i bednom, pohitaj za mene ka svome Vladici Hristu i tvojim molitvama izbavi me iz ove muke i od okova koji me drže, da poslužim do poslednjeg daha tvome zastupstvu. Dom sagradiću tvoj, na onom stubu što plamti. Slaviću ime tvoje, Milošću i Milosrđem Hrista, ovdo i na beskonačne vekove amin."

Rečeno učinjeno. Zle je zlo pobedilo. Dobre dobro izbavilo. Izbavljen božjom voljom i uz pomoć sv. Đorđa, velikomučenika, Hristova ugodnika, Nemanja je podigao manastir Đurđeve stupove, snabdeo ga potrebnim stvarima, žitnicama, cisternama za vodu i ustanovio kaluđersku službu — da služe gospodu, slave ime svetog Đorđa, koji mu se javio, sišavši u Orlovo gnezdo, niz drvene lestve, s Gradine, kroz pećine Oči razboja.

Uoči Ivanjdana, ispod manastira nebo se otvara triput. Na Ivanjdan, od straha, Sunce stane triput. Uoči velikog praznika pale se vatre, pale lile.

Manastir opusteo, razoren. Kaluđeri izumrli, jezike im čupali, kosu smudili, oterani, nema ko da vrati zabludele u Hristovu veru.

U sumrak, zapalili su vatru ispod manastira, veliku, od borovine, palili sasušenu koru od breze i trešnje, barsku macu. Na glavi su imali spletene vence od ivanjskog cveća, preskakali vatru, pevali:

Ivanjsko cveće, petrovsko,
Ivan te bere, prebira.
Zvezdu nebesku priziva,
dragoj on te dariva.

Preskačući vatru, zavezanih očiju, Marta je nespretno doskočila. Lazar joj je pomogao da ustane.

U nogama i rukama osetio je obamrlost, u stomaku kamen, nešto pritislo. Nema više ivanjdanske vatre, maca i lila, udaranja u klepetalo, nema ni jeremijinjdanske pesme:

Bež' te, zmije Jeremije,
sve su zmije pobegle,
samo jedna ostala
i ona se nabola.

Nema više ni te noći. Kud se dela?

Oprljeni vatrom, omamljeni rakijom, spuštali se pred zoru ka Deževskoj reci. Bio je uz nju. Iza njih šuškalo, ispred se kikotali, sa strane se čula pesma, podvriskivanje. Nosili lile, mace. Neko napred mahao buktinjom napravljenom od konzerve, ispunjene strugotinom, zalivene gasom i prikovane na letvu. Hiljade iskrica se rojilo, prštalo, poskakivalo.

Kad su došli do reke, u njoj se penilo. Dojučerašnji igrači zeca, prekonoć momci i devojke, uletali su u vodu, bacali vence i cveće, uskakali u vir, trčali plićakom, iznad vodenice izlazili na suvo, svlačili mokru odeću.

Bacila je venac s glave u vodu, zagazila u vadu — kamenjem, busenjem i koljem pregrađenu vodu. Zagazio i on. Došli do sredine vira, bućnuli. Virom su plivali venci i strukovi ivanjskog cveća.

Izronivši, obuhvatio ju je oko struka, privukao. Niz dugu kosu slivale su joj se srebrne kapi, ovlažena bluza pripijala se uz kožu, suknja uz butine. Nije primetila da drhti, privila se uz njega, pripila nabrekle grudi.

Tu, iznad reke, pored Crkve svetog Petra, u čiji je krst na svojoj svadbi, pucao jedan aktivista, da dokaže kako boga nema, ispod lipe obasjao ih je prvi sunčev zrak.

Mirisali su kao posle kiše.

5

Praznik očima, melem duši, nemir noćni — bila je Naila. Donele su je snežnice, belile bele nedelje, rumenile ruže sofijske, kitile kujundžije prizrenske, oblačili trgovci damaski, ništa lepše od nje!

Osvanula je posle olujne noći, nastanila se sa sestrom Aminom na jaliji, u kući koju im je iznajmio rođak, jednooki Zulfikar, špijun, švercer, izrod i pogan. Uselila se u kuću ograđenu oblepljenim plotom, natkrivenu jovama i jasikom.

„Predskazalo vreme rospiju, pobunio se i onaj gore", pucale su žene od zavisti. „Kakva sestra — to je muško!" govorile su isprva za Aminu, jer je nosila mušku odeću. Bila je mutava. Na glavi je imala beretku, na nogama cipele, sako od tvida i somotske pantalone. Suva, neuhranjena, kad ide skakutala je. A išla je dva-tri puta dnevno. Nosila zavežljaje, donosila hleb, meso i smok. Vraćala se kasno, pijana; povodila se, udarala u zidove sokačeta, kreštala. Ništa smešnije, ništa tužnije od pijanog mutavca.

Naila je izlazila u sumrak, pre no što se Kurd Mujezin popne na minare. Sočna i bela, njihala se u struku, zabacivala glavu, do pojasa rasutu kosu. Kaldrmom su odzvanjale njene sedefaste papuče, na prsima zveckale dvolirke. Za njom je mirisalo. Nije marila za alahovu slavu i svemoć koje objavljuje Mujezin, za propadljivost sveta. Išla je žustro, bila svoja. Ko je mogao da pretpostavi da je sve to bilo prividno?

Kad su je prstenovali bio je četvrtak. U sobu je ušao dever sa prstendžijama. Sklopila je dlanove, razmakla prste. Dever ju je uhvatio za ramena i okrenuo tri puta za suncem — od istoka prema zapadu.

„Predajemo ti našu sestru, za tvoju snahu", odzvanja joj u ušima. Čuje jasne zvuke goča, zurle, piska, klarineta, prasak pušaka. Pred očima joj titra duvak. Iz đerdeka, u koji je uvode, čuje pesmu:

> *Var se vrti, ne prevar se.*
> *Devojke su varalice,*
> *noćas će te prevariti,*
> *a sutra te prekoriti.*

Pred vratima — straža, da ko ne uznemiri mladence. Noć odmiče. Budi je ciganska pesma, cijukanje instrumenata. Služi šerbet, radije bi otrov. Dvori.

Dvadeset sedmog dana ramazanske moćne noći, kad se otvara nebo i bog ispunjava želje, pošto je u ponoć otklanjala, sišla je s čardaka. Noć topla, letnja, tiha. U daljini šapuće Bistrica, javlja se ćuk. Mesec pun, usijan, vozi nebesku kočiju.

Muharem golobrad. Iznad usana nema ni mahovine. Krakat, dugoruk, leži na ledima, ispružio noge, prstima ruku ščepao čaršav, stisnuo, gleda u tavanicu. U košulji je, dugačkoj, ispod kolena. Košulja svilena, sliva se niz kožu, skakuće preko koščatih ramena, klizi niz mršava rebra. Ona moćna, prosuta preko čaršava, bela, stamena, pružila se kao planina. Ona peć užarena, grotlo. Raste. Zaboravio sve što su mu rekli, čemu ga učili. Najradije bi pantalone pod mišku, pa bosonog na vrata, na Bistricu, prema Dušanovom gradu, uz kamenjar, da bude divokoza, jarac. Kako? Pred vratima deveri, rodbina, otac.

Mesec — čega li se on ne nagleda? Gde sve ne zaviri? I te noći bio je moćan i svetao. Ušao kroz širom otvoren prozor, kad je vetar razmaknuo zavesu, ušunjao se, pao na krevet i dodirnuo joj čelo, oko, kosu, crnu i tešku, prelivenu preko jastuka. Osvetlio njenu pustoš, otkrio čežnju i želju, osvetlio pustu njenu dušu. Vetar je u sobu iz vrta uneo miris ruža.

Moćne ramazanske noći, ruže su najmoćnije, razbokore se, zamirišu, bole slepoočnice.

„Ružo rumena, daj ti meni tvoje crvenilo, evo ti moje bledilo", prošaputala je kad je sišla u vrt. Mislila je niko je ne čuje.

Iz senke drveta izašao je Nuradin, njen svekar.

„Šta je, snaho?" upitao je. Glas mu je bio tup, grlen.

„Uh!" ustuknula je.

„Ne boj se!" rekao je i uhvatio je za nadlakticu, stisnuo snažno, muški. „Ja sam!"

Danima, primetila je, ne skida pogled sa nje. Zagleda se u njene bademaste oči, provuče pogled kroz njenu tešku kosu, sklizne preko lica, usana, niz vrat, na grudi, niz slabine, obuhvata bokove, progori joj pogledom odeću između nogu. Primećuje, ćuti. Gleda da drugi ne primete. Prema svima drugim je osion, ljut, bljuje vatru, davio bi, čerečio.

„Snaho, snaha si mi", rekao je. Ruka mu drhti. Pruža drugu, hvata za rame, privlači. „Ne, ti ne pripadaš nikom. Ti si moja..." šapuće.

„Šta je, šta ti je, pusti me!" isprekidano, zbunjeno ponavlja Naila.

Nuradin je grli, steže. „Danima, noćima čekam", kaže. Odmiče se. Ne ispušta joj ruku. Povlači je sa staze u senku, prema dunji.

„Šta je, šta ti je, pusti me!" uzvikuje Naila.

Pred očima mu crveno. Ne vidi, ne čuje. Uši mu se zapalile, gore. U senci dunje, koja je zaklonila mesec, kida joj kaiš kućne haljine. Zakrvavio pogledom, postoji samo belo, golo telo, od njega toplina. Ona gola, uspravna, belasa se u mraku. Pored dunje glavom je utonuo između njenih sisa: čvrstih, velikih; gnječio ih rukama, ujedao. Ne ispuštajući joj desnu sisu, levom rukom prešao je preko njenog boka, preko toplog stomaka, ruku joj zavukao između nogu, stisnuo. Ona zbunjena, ukočena, iznenađena — sve je tiše pitala: „Šta ti je?" Ljubio joj je ramena, vrat, stezao grudi, raširio noge. Između njih toplo. Ona više nije ukočena.

Bio je ramazan, dvadeset sedmi dan, dan moćne noći, vrhunac posta, odricanja, uzdržavanja, odbacivanja požude, sećanja na božju milost; dan zahvalnosti što im je bog grešnim, dok su skapavali gladni, nemajući hrane, poslao ječam, plug i volove; što im je oprostio noć u kojoj su jeli, pili, sofru oskrnavili bludom. Posle te noći Naila nije mogla da kaže: „Ako ljubavi nema, onda sam kao zvono koje zvoni, ili praporac koji zveči." Krila je pogled od svekra, a noću, u postelji osećala njegov dah, pored Muharema koji je bogu dušu predavao čim bi ga privukla, stegla između kolena. Odgurnuvši muža, osećala je svekrovu ruku; očekujući ga razmicala noge, ispružala ih, ukočena od želje; ustajala, pila vodu; gledala s prozora u baštu, tamo gde svetluca vrh cigarete, u senci, gde čeka on.

S jabuka i krušaka opalo je lišće, od dunja napravili slatko, kad su mrazevi okovali Bistricu, kad su drumovi zapali u teške snegove, kad se u njenoj utrobi prvi put pokrenulo. Ona, zvono koje zvoni, praporac koji zveči, nije se više pridizala na laktove, osluškujući prema velikoj sobi, u kojoj je spavao, snažno ga stežući između nogu, uranjajući glavu u jastuk, plačući, posle saznanja da između nogu umesto njega steže jorgan.

Njeno telo nije više zvonilo prazninom, žudnjom i čežnjom da ga ispuni. Ispod pojasa, znala je, nosi njegovo dete — mužu brata. Kad je svekrva rekla da liči na Nuradina, da ima, baš kao on, mladež na nozi, nije tome pridavala nikakav značaj. Bilo joj je sve to, sva ta halabuka, i jadno, i tužno, i ružno. Gledala je svekra, pocrneo u licu, zamišljen, pije rakiju, opija se, peva „Ima l' jada ko kad akšam pada", udešava glas, da ona čuje.

Nemoćni mlađahni Muharem u krevetu. Izmorena nespavanjem zbog bebe, zlovoljna, jedne noći, podojivši je, spakovala je u bošču najnužnije, uzela nakit, nešto novca, poljubila dete, iskrala se iz kuće. Ostavila je i dete i Muharema, koji zaskoči, omrljavi, ćorak; i svekra sa njegovim sazom, jadom od akšama, pesmom o pijanom Dujkinom Petru, crnim licem od tuge, suzom u oku, jednom jedinom koju je primetila. Otišla je kod Amine, u gornju čaršiju, a odatle u zoru prizrenskim autobusom krenula ovamo, u Zulfikarevu kuću, da prkosi ženama, dolazi u požudni san Vranešu, Angelininom mužu; da bude želja Grajkova, Radmanova, Radulova, Sulejmanova; da je pesmom prizivaju; da u sumrak odlazi kod krojača Nesuha, a da za njom čezne jedan imam, jedan mujezin, četrnaest oženjenih ljudi, pet neženja i nekoliko dečaka, kojima se mahovina tek pojavila iznad gornje usne.

Samo je Lazar Crnobrad ostao ravnodušan.

6

Ljudi će promeniti odeću. Nestaće pčela i ovnova, pašnjaci će se pretvoriti u prljušu, ptice će kao ustreljene, otvorenih kljunova, padati na zemlju, za Đurđevdan se neće ići na Ćeremidžinicu — zatrpaće je, neće se brati bilje i plesti venci, izjutra decu neće buditi koprivama, na Gazilar će dolaziti živi i govoriće mrtvima: „Ustanite, mrtvi, da legnemo", zapatiće se komunizam, nastupiće kijametski dan — govorilo se.

Lazar Crnobrad je dočekao komunizam, ali ne i kijametski dan. Uzalud su se pravoslavci okupljali oko Petrove crkve, muslimani oko Gurbi-babinog turbeta. Nisu se pojavile velike vode, niko iznova nije stvarao zemlju. Hodže, hadžije i ratnici nisu iskakali iz grobova da bi živima načinili mesta. Ostali su da vekuju na Gazilaru, groblju u koje su pokopani turski vojnici i bašibozluk, konji, magarci i mule, posle strašnog boja na Rasu.

„Traže ga po čukama", govorio je paroh Gligorije kad god bi se zapodenuo razgovor gde je Ras. „Njegovo srce je Tvrđava. Nekome to ne odgovara", isticao je.

Paroh nije znao ko mu je dao ime. Ko rastu hrast, ko renu hren. Ras, sveto drvo, greje, ograđuje tor, gradi bačiju i kuću. Bez žene, sina, oca i matere Srbin može, bez hrasta i pčele nikako. U hrastov gaj dolaze vile, igraju vilinsko kolo na proplancima. Tu on traži sebi nevestu. Pčele na pašu pušta. U hrastovom gaju se sahranjuje. Pod hrastom se sreće s pretkom. Hrastovo prošće štiti ga od neprijatelja. Pod hrastom se zavetuje, moli pretka za napredak, sastaje se s njegovom dušom.

Usred hrastovih gajeva, od Grka, mrskog Latina — skrajnut u Rasu, stolovao je Stefan Nemanja. Gajeve presecaju modra Raška, Deževka hita kroz saborište, Banjska se prvo u banji okupa pa uplovi u svoje korito, Jošanica, oivičena jošjem, ima za prvog suseda hrast, Trnavica, na čijim se obalama baškare trnina i glog, Vražogrnačka, niz Rašku, umesto hrastovih ima gajeve zove — u njima su đavoli, u velikim loncima, kuvali ljude. Hrastovi gajevi krili su starinske bogove, umivani Ljudskom, Sebečevskom i Smolućkom rekom, bujali su.

Između Deževske, Banjske, Raške i Jošanice nalazio se Ras. Jednim krajem pružao se uz Rašku, prema Ljudskoj, nekadašnjoj Srebrnoj reci; drugim uz Jošanicu. Iznad Petrove crkve, uz Deževku, bio je Nemanjin dvor, na ušću Jošanice u Rašku, vodom, nasipom, nabojem, palisadom ograđena tvrđava — južna odbrana grada. Uz Rašku Trgovište, pod krilom svete Trojice. U njemu se nije trgovalo jedino ljudskim dušama. Tu su dubrovački trgovci plaćali carinu, gložili se, otimali o zemaljski imetak. Otkako je sveta, nije bilo lepšeg grada.

Bio je Nemanja i prošao, bili Nemanjići i prošli. Umnoženi dani i godine gospodstva prošli. Došli Turci. Ne jedu svinjetinu, vole taranu.

Turski paša, ženskar i ulizica, u želji da zadobije sultanovu milost, krene na Ras. General mu Grk, špijun Boljar Radič, bogumil.

U Lukarima magla. Jošanica se izlila. Gde god kreneš — voda i pustoš. Od Turaka i paščad beže. Kiša i magla, nigde žive duše.

Turci tumarali po magli, vrteli se u krug; prozebli, prokisli, gladni i zlovoljni u Lukarskom polju, pod hrastom, našli Luku. Ćuti, jednim okom plače, drugim se smeje. Pitali ga gde je Ras, gde su Vlasi? Oklevao, promeškoljio se, kao da se iz teškog grozomornog sna probudio, pokazao preko sebe, prema Tepetu, brdu koje je baš u tom trenutku obasjao zračak sunca, prepunom vode, koje će kad tad pući.

Udarila vojska, zurle i talambasi na Rašku. „Pogrešno odoše!" rekao u Odojeviću vodeničar Belojica. Mraz i crna noć ih sustigli u Crnoči, iznad Sopoćana. „Crna noć, crna noć", šuškalo kroz ordiju. „Svemu je kriv Grk!" u tepsiji videle hodže, na brdu Hodževu; u Glogoviku generala nabili na glogov kolac.

Boljar Radič, izrod i izdajnik, otkrio da su Turci zalutali. Sustigle ih hrišćanske izvidnice. Boj krvav, ljut. Pucaju lobanje, krckaju kosti, ršti meso, njište konji, jauču ranjenici. Iznad Sopoćana, na konju, nebom proleteo sveti Jovan, nosi glavu u ruci, glava plače. Niz Rašku koplja, kalpaci; u vodi trupla, ljudska i konjska, prosut mozak, razlila se krv.

Pogubili Grka, setili se Luke — u Varevu se setili da ih je prevario, da ih je poslao zapadno od Rasa. Povratili se. Lažljivog Luku nabili na kolac. Creva mu ispadala, on gledao u daljinu.

Lazar nije znao da je po Luki Lukocrevo dobilo ime, kako je nastao Gazilar. Išao je zagledan u nišane. Na jednom iskrivljenom je pročitao:

Što ste danas vi,
juče smo bili mi.
Što smo danas mi,
sutra ćete biti vi.

U glini leže ratnici, ljubavnici, age, begovi, bašibozluk. Večnim snom, tu negde, iza nekog nišana, utonula u zemlju, spava luda Mejra. Svakog proleća, kad Jošanica nadođe, kad pocrni, valjajući drvlje i kamenje, ispod Karahodžićke ćuprije razleže se njen vrisak, izvija se uvis, vetrovi ga raznose nadaleko.

Lazar nije luda Mejra. Ne šeta noću proplancima iznad čaršije. Nije ni ljubavnik što se po mesečini šunja kroz bašte, provlači kroz kapidžike. Uprkos tome, on je luda Mejra, bezumnica, koja ponavlja: „Biće rata, rata, ta, ta, ta, ta...", božjak koji se s vodom zagrlio, koji je legao u vodeni krevet i nije se nijedanput požalio da mu je mokro. Ne šunja se kroz kapidžike. Ali, ima li razlike između njega i bledunjavog ljubavnika? Ustaje, jede i spava. Ustajala je, jela, spavala i Mejra; ustajao, jeo, spavao i ljubavnik. Leže pod busenjem. Slatki zalogaj crvima. Izmirili dugove, izratovali ratove, odbolovali bolesti, naljubili se žena i napili vina. Danas oni, sutra Tori. Što su danas oni — sutra će biti Tori, ali što je danas Tori, sutra neće biti oni.

Prividna je dnevna svetlost. Ima ljudi koji čekaju noć — da im zasvetli. San da se probude. Ali nema ljudi koji neće biti ovo što je luda Mejra, bledoliki, dugoprsti ljubavnik, moćni Gurbi-baba, na brežuljku.

Kakav li je bol bolovao, kakvim li se radostima radovao, kakve tuge tugovao — pesnik, skitnica i derviš? On koji u turbetu, na brežuljku, vekuje, mislio je da može nebo da ugrize. Podizao je glavu, razmicao vilice! Šta su sad te vilice, moćne noge, hitra ruka, bistro oko? Da li u turbetu svetli? Gasi li se fenjer, u fenjeru sveća? Svetlost je bog. Zašto svetli propalici i ženskaru? Da li će se iz turbeta, kao pred Jovanjdan, razleći pesma:

Ako misliš derviš bit,
moraš dušu očistit!

Da li će Hasan, čuvar tekije, koji dok grli dečaka sanja devojčicu, izjutra ispred šehove stolice naći razbacane kože, drvene topuze, strašne kosire, kugle lancem vezane za drvene drške, rukom pisan kaligrafski znamen — bagdadski kuran? Da li će zveckati, hukati, da li će kad privedu dečaka, kad crveno nebo počne da bledi, umukne ćuk a javi se dosadni vrabac, kad se noćnoj gospodi smrkne, Jerina projahati jarca — jezditi bregovima, dok blede varnice odskaču od jarca, da li će zamaći ka gradini?

*Otišo je do tekije,
da popije dve rakije.*

Čuje. Grudi mu se nadimaju. Pomisli na Martu. Plače mu se, neizmerno, plače.

U sumrak, grabljivice se smeste u gnezda, lastavice i vrapci pod krovove, zveri u šume, u jazbine i jaruge. Naila prođe pored Halimače, česme koju je podigla Halima, najmlađa pašina kćerka, lepotica, dođe do Nikšićke džamije, zađe u Srećno sokače. Na kraju te uske, kaldrmisane i vijugave ulice nalazi se kuća Nesuha Čolaka, čijeg je pradedu Azira, zlikovca iz Kladnice, ubio Petar Azanjac, komita i osvetnik. U prostrano dvorište propusti je Patuljak, čuvarkuća, nesoj, snažno čudovište, koje, gde uhvati kida, što udari pomodri, podlije krv i truli.

U avliji doksati, šadrvan — gradila ga narodna muka, Azirove krvave ruke. Azir — zulumćar, koji je četovao u četi Šabana Koprive, presretao trgovce, ucenjivao i ubijao ljude, otimao stoku, neveste i devojke, prodavao u arnautluku. Zulumćario je od Kladnice do Ibarskog Kolašina. Razrezivali su poreze, globili. Narod se žalio kajmakamu i valiji, nije pomoglo — štitio ih Daut-beg iz Pazara, koji je u svojim rukama držao mreže i konce zuluma i nasilja. Uzalud se pop Vukajno Božović obraćao njegovom carskom veličanstvu sultanu Abdul Hamidu, tražio zaštitu i žalio se na ljude, koji ih, jadne, ni krive ni dužne, muče, gone i ubijaju; nadao se da će se gospodar smilovati i svojom moćnom rukom ih osloboditi od teških muka i nesreća. Popove nade se nisu ispunile. Ni jednom razbojniku iz čete Šabana Koprive nije falila ni dlaka s glave.

Patuljak je Nailu, kao i uvek, uveo u prostranu onisku sobu, zastrtu ćilimima. Nasred sobe bio je mangal; u njemu, pošto je leto, nije bilo žara. Na plafonu su se žuteli šašovci. U vrhu sobe, između prozora, na minderu je sedeo Nesuh, srkao kafu i pušio na čibuk, kuckajući prstenom ispod otvora za cigaretu, stresao pepeo.

Prsten je bio od belog zlata, u njegovom vrhu iskrio se dragi kamen, presijavao se, svetlucao, vredeo čitavo bogatstvo. Darovao mu Azir, da nosi i da se ponosi.

Prsten o kojem je Naila maštala, pripadao je bogatom trgovcu robljem, Persijancu, vlasniku biserne palate u Teheranu, rajskog vrta i najlepših žena na svetu.

Trgovac je jedanput krenuo preko Belih gora da iz Persijskog zaliva preuzme brod robova. Jermenki, lepoti nad lepotama, ženi koju je izdvajao, poveri ključeve od riznica, tajnih odaja i skrivenih vrtova.

„U sve sobe ulazi, samo nemoj u sobu na najvišem čardaku", rekao ženi, puti kao himalajski snegovi, usana kao japanska trešnja. Saopštio da ima ljudi zlih, opsenara što uzimaju lik čovekov, a bljuju zle duhove — u stanju su da zapate u čoveku zlo. Opremio se na put.

Žena ko žena — nije ušla ni u riznicu, ni u oružnicu, ni u odaju s tajnim pečatom i spisima već pravo u sobu na najvišem čardaku. Dvanaest je znojeva probijalo, dvanaest muka mučilo, od znatiželje kopnela — trinaestog dana ispela se na čardak, otključala odaju.

Čim je stupila u sobu zatreslo se, zagrmilo, izvio se dim, uskovitlao se vazduh, grunulo kroz vrata. Vetar ju je odbacio unazad, ustremio se na mermernu avliju, obigrao oko njenog sina jedinca, izdigao ga, zavrteo, bacio o mermer. Protutnjao. Na čardaku sve u prah pretvoreno. Nasred avlije ležao je mrtav jedinac, iz praha, sa čardaka, neko se kikotao.

Imam kupao mrtvog jedinca, tvrdio da je nasred dečakovih grudi zjapila rupa, vetar mu iščupao srce; ukrao prsten, koji je dečak nosio kao hamajliju o vratu, i sakrio ga pod jezik.

Prolazile godine, menjali se vlasnici prstena. Jedan slomio vrat, drugom otet, treći ga prokockao, dospeo do Azira.

Ovčje lubine, sušene, ko med, zeleniš, urme, indijski orah, pistaći i tufahije — tu gde se nekad prodavala riba s Dunava, iz Skadra, služena o postu na Nemanjinoj trpezi. Tiska se svetina, pijačni dan. Prodaju, kupuju, u Pazaru pazare. Popovi, hodže, seljaci, trgovci, secikese, lopovi i besposličari; među njima retka zver — Arapin Ibn Haldun, vampirović, začet posle očeve smrti, čovek bez kostiju. Došao iz Skoplja, gde je gonio Zaim-agu, zelenaša, koji se povampirio. Nije mario za svirku i talambase, što se svet skupljao, kao na čudo, tiskao, povampirenog Zaim-agu nije skidao s očiju — gledao ga u gomili, čas na konju, čas pored kakve cure. Obazrivo, da nikoga ne ubije, pucao iz puške tek kad je Zaim-aga stao na rog krave. Belku dognatu na prodaju spalili zajedno s krvlju. Vampirović Ibn Haldun uzeo nagradu.

Slavni Arapin, začet od vampira, imao je sposobnost da goni vampire, da ih vidi i kad ih niko ne vidi, ali nije primetio kad je Azir, koji se, preobučen u trgovca, muvao kroz gomilu, zapazio njegov prsten. Oslobodio je Skopljance Zaim-age, napasnika, koji je napadao kuće, razbijao prozore i presretao neveste, došao sličnim poslom u varoš na sastavcima Jošanice i Raške. Nije mu bilo ni nakraj pameti da će ga presresti Azir, prerezati mu grkljan i odseći prst na kojem je bio prsten od belog zlata, s draguljem koji se belasao, svetlucao.

Kad je Nesuh ugledao Nailu, desni brk mu se nakostrešio i zaigrao. Njišući se u struku, zabacujući kosu, staje pred njega. Gleda ga pravo u oči, uporno, prodorno. Guta ga pogledom, sažiže, pretvara u muvu. Ispred nje je mreža, Patuljak: pauk; Azirov potomak: uhranjena muva, debeljuca, sitnih pakosnih očiju pritajena, izvan Patuljkovog dohvata, na sigurnom. Ona raste, zabacuje glavu, gordo, ponosno, on se smanjuje — muva, pauku ukusan zalogaj. Ništarija. Krvopija.

Naila ne zna da muva gleda kroz nju, da se njena rasuta kosa pretvara u kratke kovrdže, da njene grudi nestaju, da se tope.

Ohola, nadmena glava pretvara se u zmijoglavog dečaka. Pred njom stoji dečak kestenjaste kose, ružičastih očiju, trči preko proplanka, maše mu. Samo je Lazar Crnobrad, koji je s Nesuhom služio vojsku, znao njegovu tajnu.

„Sedi!" pokazao je, napokon, Naili, prema minderu, levo od sebe.

8

Ne vara se onaj koji zna da ga varaju. Gora je preobukla ruho; zeleno prešlo u žuto, žuto u gole grane, gole grane u zeleno; za zimom došlo proleće, za prolećem leto, za letom jesen — prošla godina, dve. Čim se u Martinom stomaku, kao u balonu punom vode, tesnom i mračnom, pokrenulo, pokazala je da u njoj ima devet duša. Ljutila se, plakala i vikala.

„Otkini psu rep, pas te pas!" rekla je Lazaru. Gledala ga prezrivo, s mržnjom.

Pitao se šta joj je, gledao je da joj ugodi, govorio maco, pokušavao da joj na stomak stavi ruku. Ona plakala, odbacivala ruku, okretala se od njega.

Posle devet meseci detetu više nije bilo tesno u mračnom balonu, ispružilo se. Lazaru iscepali košulju — rodio se Nenad.

U Marti devet duša: zelena, plava, ljubičasta... lukavija od lukavije, gora od gore, podlija od podlije. Prolazile godine. Odbacila muža. „Pre bi sa psom nego sa tobom!" rekla. Želela da ga uvredi, ponizi i omalovaži. Izgubila i želju i volju za njim. Nije dozvoljavala ni da je zagrli. Bio joj je dalek i stran. Gledala je da kad je on na selu ona bude u gradu i obrnuto.

Lazar ne čuje zrikavce, nišani lelujaju, blede, zamagljuju. Plače mu se.

Zime i zime provodili su odvojeno, na selu, u gradu, ili, on u prizemlju, ona sa detetom na spratu. Noću je osluškivao, pridizao se na laktove. Belasa se u pomrčini, pred njim. Hvata je za ruku, privlači. Niz kosu joj se slivaju srebrne kapi, topla. Grli je. U nosu ga golica, nozdrve bride, skupljaju se, kija. Ivanjdansko kupanje, srebrne kapi. Osluškuje. Uzalud očekuje da će ona, iznenada, sići sa sprata, da će se uvući u njegov krevet. U daljini laju psi, vetar fijuče. Traži opravdanje za nju, zamera sebi, pokušava da joj se približi.

Torijev pradeda nije se varao, žena je Lazara varala. Prevrtao bi se u grobu, cvileo, grizao, zavijao kao pred nevreme, da je znao da Lazar u prizemlju čezne za ženom koja se podavala i pre Ivanjdana i pre Ivanjdanske noći — u plevari, na njivi, u voćnjaku, na kiši i mesečini, kako kad i kako gde. Kome? To je bila njena tajna. Zbog te tajne se i udala. Udali je roditelji, zbog bruke, da ih ne sramoti.

Snovi, varka — shvatao je Lazar. Činilo mu se da, zapravo, nisu zajedno ni živeli, da je njihov život prividan, da iznova živi život, da je sve što mu se sa njom dešava doživeo, da je sve obmana, da je svoj život odavno živeo. Sve je varljivo, lažno; varljivi njegovi odlasci u školu, gde radi kao profesor opštetehničkog obrazovanja, gde se s njegovim predmetom sprdaju — zanati su samo za Cigane, kažu; varljiv rast, plod i cvetanje biljaka koje zasadi; prividan list kupusa — zecu hrana; varljiva povremena nada da će u njegovom životu poći nabolje.

Sve više su ga mučile nesanice, čir i gorušica. Plašila ga je zora — kad se dan deli od noći. Kao da je musliman, sve više je obožavao noć i mesec. Povlačio se u sebe, u noć, kao da je prkosio parohu Gligoriju, koji je rekao da ljudi koji se klanjaju noći i mesecu nemaju budućnost. Nisu ga se ticala veličanja dnevne svetlosti, prosvetljenja; veličanja bogočoveka, propovedanje mira i ljubavi. Njegova žena je, prkoseći mu, odbacila mir, slogu i blagost. Smetala joj je njegova sporost u pokretima, tupost. Činila je sve da izazove otrov na njegovom jeziku i napakosti mu.

Lazar se izbezumi, muca od besa, sipa otrov. Da nije žuči i otrova na njegovom jeziku paroh bi mogao prstom da upre u njega, da ga poškropi grančicom bosioka i uzvikne: Eto pravednika, čoveka koji ne otima i, osim bratske ljubavi ne traži ništa! Mogao je krišom da mu čita Nikolaja Velimirovića, da ga suoči sa onim čije ime zvone zvezde, da se pomoli zajedno s pastirom u zelenoj stepi, da saoseća s vukom, ovčijim dželatom; mogao je da se pomoli sinu božjem: da siđe u bunare, da i oni ne bi bili žedni.

Ništa od svega. U Lazara Crnobrada se uselilo nespokojstvo.

9

„Ja nisam zmija što skuplja hranu za jedan dan", govorio je Nesuh Patuljku. „Iz noći treba izvući dan — živimo u komunističkoj noći", dodavao je. Nailu je podsećao na uhranjenog pacova, krvopiju, razbaškarenu na minderu — spokojnu i zadovoljnu; kome, kad pruži zamotuljak, oči žmirnu, zasijaju, kažiprst i palac desne ruke zaigraju.

Uvek ista slika: živne, popridigne se, pljucne u kažiprst i palac, počne da broji pažljivo, odmereno i predano. Patuljak ne razmišlja o komunističkoj noći, unosi kafu, služi — nju, koja od jednookog Zulfikara, daljnjeg rođaka, prima šorvane, nakit, srebro i zlato; raznosi ga kujundžijama, prodaje. Gde se rodi, gde se sprema veselje, ženi ili udaje, gde se drži do običaja, obraza i časti — tu se pojavljuje i Naila. Zulfikar njoj, ona njima — novac Nesuhu, pacovu i muvi, sitniš njoj i Amini.

Nesuh ne presreće, ne čeka u busiji, ne otima ovce, volove i konje; on nije Azir. Sedi u kući. Kaplje od šorvana, od radnje. Meden je, slatkorečiv, predusretljiv; osion samo kad popije. Za njega rade žene, šiju odeću od džinsa. Robu jedanput nedeljno šalje u Beograd, na Zeleni venac. Za njega šije i Naila. Zamotuljci koje Amina nosi su gotove farmerke i jakne koje će utopiti na Zelenjaku, u Vršcu, Pančevu — kod Cigana, Rumuna, Poljaka, Rusa, Belorusa i Ukrajinaca. Za svaki slučaj, nema nikakve veze sa šorvanima. To šta radi Zulfikar sa svoja tri sina, sedam sinovaca i Nailom, savršeno ga ne interesuje. Nema on nikakve veze s jevrejskim zlatom. Od njega glavu niko nije otkupljivao. Nije on kaluđeru Maksimu, živome, drao kožu na rukama — od šaka do lakata i od vrata do pojasa, niz leđa. Šta će njemu nemanjićko blago?

Azir je presreo Maksima kad se spuštao iz isposnice u steni na modrokosu Rašku, da zahvati vode za konak. „Pope, ti si prdež!" rekao mu. „Kad ćeš već jednom da izmoliš tog tvog boga?"

Raška je šumela, penila, skakala iz pećine u kojoj je izvirala, niz stenu, u vir, iz kojeg su pegave pastrmke lovile mušice. Vezao mu je ruke konopcem, poterao ga ka razorenom božjem domu. Jedan kraj konopca držao je u ruci, vukao kaluđera za sobom, iznad pećinskog izvora, kosinom, prema manastiru Sopoćani i Crkvi svete Trojice.

Lepršala je Maksimova mantija na vetru, pri suncu gorela polusrušena manastirska kupola, podzemne vode coptale. Azir zastao pred ruševinom — pitao gde je zlato. Kako će njega jedan prljavi kaluđer umazane mantije da prevari? Uveo ga u crkvu. Blago zakopano — siguran je. Tajnu isposnici pred predstavljenje prenose učenicima. Ako mu je život mio, ako hoće da ga na licu mesta ne zadesi smrtni čas, otkriće tajnu njemu, a ne nekom poganom crnomantijašu.

Zabrinuo se Uroš Prvi, u ruci mu zadrhtala maketa manastira, zaplakali njegovi sinovi Dragutin i Milutin. U ruševini, ispod kiselog drveta, koje je raslo u zidu, kupao se Hristos, javljao pastirima, naborao čelo. Zabrinula se Bogorodica, samo je u Uspenju ostala mirna. Ostala je mirna i Ana Dandolo, kraljeva majka, njena smrt na fresci nepomućena. Uznemirili se sveti ratnici, podigli mačeve. Samo je Papina, „u Hristu najmilija kćerka", kako je božji poslanik nazvao Jelenu Anžujsku, ostala ravnodušna. Nije marila ni za blago ni za muža, koji je, kako stoji u spisu pečaćenom sa sedam pečata, počeo da zida „predivnu crkvu u ime presvete Bogorodice, praznik Blagoveštenja, na mestu zvanom Gradac". Njen muž — otkrivši da je špijun Dubrovčana, da sve planirane ratne pohode odaje — naljutio se, gradnju prepustio njoj, ostavio oporuku da ne želi da bude sahranjen tu već u Sopoćanima, izvoru lepote, božjoj suzi, kanuloj zbog grešnog čoveka, temelju vere, najjasnijoj zvezdi, koja odgoneta večnost, osvetljava vekovnu noć, uzdanje i nadu.

Pored rajske zvezde Azir je odrao Maksima, ali se nije dočepao blaga.

Aziru je u grobu bilo tesno i mračno, kao da je želeo da pobegne od sudnjeg časa, od strašne nakaze, čija je jedna čeljust na nebu, druga na zemlji; od nakaze koja će ga odneti tamo gde je čas toplo čas hladno, tamo gde je strašna žeđ, gde će ga zahvatiti plamen, gde mu, kako stoji u ajetu, neće koristiti imetak, ni ono što je zaradio, tamo gde će biti pržen u rasplamsaloj vatri.

Od Azira ostao mu čibuk — da puši, kroz dim gleda planine i reke, mora i kontinente, daleke gradove i nepoznate zemlje; da legne na dimni jastuk, ljuljuška se.

Nailin lik se izvija, deformiše. Dobro je što ćuti. Prošle su godine. Izgubio je osećanje da ga Mesec prati. Više se ne plaši smrti, truljenja. Mnogo toga je izbledelo, pomešalo se u bezobličnu sliku. Samo sećanje na taj dan ne bledi.

Na teneširu gleda ispruženo telo. Voda pršti. S minareta se razleže mujezinov glas. U ime boga, sveopšteg dobročinitelja, milostivog, Rahmanu obećava svet bolji od ovog, kune se jutrom, noćnim smirenjem.

Otupelom od boli, crvenih očiju od plača za bratom, kad je izašao napolje i podigao glavu, sunce se zacrnelo. Kućni zid počeo je da se ljulja, krošnja drveta da bledi. Kad je zid stao, kad je sunce zasjalo, krošnja drveta se zazelenela. Dok mu se niz telo slivala voda, mokar, čuo je hodžu kako govori: „Misli li čovek da mi nećemo moći da sakupimo njegove kosti?"

Hodžin glas se gubi. „Otišo je do tekije da popije dve rakije", zvoni mu u ušima. Nailin lik leluja. U posudi se belasa voda, sveće plamte; pored njega Hasan, derviš, čuvar tekije, zajapuren — unosi mu se u lice, bazdi na rakiju; skupljen na ćilimčetu, hladno mu.

    Izbezumljen od pića, u bunilu, pod temperaturom, Nesuh je Lazaru Crnobradu ispričao zašto su Hasana iz Mejrine kuće izneli u krvi, na čaršavu, sa odsečenom kitom. Rahman je tajnu odneo u grob, Lazar je ćutao kao riba, a Nesuh se prozlio.

10

Kad dune s Đurđevih stupova, kad počnu da se valjaju crni oblaci, da podrhtavaju i vru, govorilo se da treba odagnati psa, što dalje od kuće, da ga ne spazi starica što se zubima drži za vetar. Ugleda li ga, pustiće oluju žestoku da počupa zeleniš i uništi letinu.

Pred svaku nepogodu Tori je dugo, žalosno, otegnuto zavijao i nestajao. Kad baba projezdi s oblacima, kad se kiše izliju, vraćao se ispran, mirisao je na žito u zrenju i poljske travke — blistav kao kornjačin oklop. Zadovoljan, vrteo je repom, oblizivao se.

Crno umilno štene, sa belim prstenom iznad desnog oka, pojavilo se pred Svetog Jovana, na Bogojavljenje, na dan kad se kupaju ikone, odnose na reku i peru. Taman se Lazar Crnobrad bio umio i izašao u dvorište da unese drva, tek što se vratio s posla, ugledao ga je. Promrzlog i izgladnelog uneo ga je u kuću. Ugrejao i nahranio hlebom i mlekom, smestio u prizemlje. Te Bogojavljenske noći Tori je našao dom. Od te noći nestalo je mačaka na jaliji.

Tori je bio miran i dobroćudan. Deca su ga vukla i tukla, nije se branio. Menjao je ćud samo kad se pojavi mačka. Oseti mačku, uznemiri se, vrti se ukrug, reži, kopa desnom šapom; kad je ugleda jurne, iskezi se. Dovoljno je bilo da neko kaže „Pis!" pa da se razjari, izbezumljen počne da zvera i reži.

Nestalo je prljavih, gadnih, odvratnih i poganih mačaka, ledenih zenica, koje se, kad izađu pred Gospoda, žale na ljude, kazuju kako su ih tukli, da su gladovale; za razliku od psa, koji nanjuši s koje strane dolazi smrt i koji grdi mačke. Kako im je, veli, bilo loše kod ljudi, u toploj kući, gde se jede, a njemu dobro vezanom u avliji, na kiši i studeni.

Baš kao Bogojavljenske noći, kad ga je nahranio, Tori se, pošto je Lazar Crnobrad uzdahnuo: „E, Tori, Tori", propeo na zadnje šape i liznuo gospodara po ruci. Optrčao je krug, dva, promuvao mu se oko nogu, podvio rep i skrenuo s puta, prema nišanu na kojem je pisalo: „O, lave duhovnog sveta, koji donosiš veseli nagoveštaj i našoj duši smirenje."

Kakav lav? Duhovni svet? Pitao se Lazar. Nagoveštaj? Voli što Tori mrzi mačke, voli Torija. Šta, zapravo, u njemu voli? Rastao je na njegove oči. Odanost? Čist je, dugonog.

„Lave duhovnog sveta", nasmešio se Lazar prema Toriju. Trči okolo, za kerušama, ujedaju ga, muče, zlostavljaju. Podigne rep, ispruži noge. Šeta graciozno, želi da se dopadne. Zaboravi se, pukne mu po hrbatu; raspali ga neki zlovoljko, umesto uzdisaja na mesečini — batine.

Moć, stas, snagu i lepotu, pokazuju i drugi. Pravo jačega: borba. Devojka podigne rep, gazi meko. Gipka je, važna. Udvarači za njom.

Najveći i najjači bi da ostanu sami sa njom. Izujedaju slabije. Kolju, tuku šapama i gone. Lepše je udvoje. Tori bude klan, krvav; oko vrata, na grudima mu vise krvave zakrpe. Žalostan je i postiđen — lav duhovnog sveta.

Tori se odvojio od nišana, zahvaćenog mahovinom i lišajem, utonulog u zemlju. Pogledao je prema Lazaru, lanuo, kratko, odsečno, ljutito — kao da je razumeo šta Lazar misli o njegovim ljubavnim podvizima. Gledao je netremice, prekorno.

Krenuli su. Put se spuštao, skliznuo pored prvih kuća, ostavio za sobom groblje, vojnike, hodže i hadžije, izbio na Karahodžićku ćupriju, uronjenu u jove i jasike.

Ćuprija od drveta. Gradili je potomci čuvenog hodže i vidara iz Egipta. Crni u licu, grgurave kose a zubi im beli — pričalo se da imaju repove, da se ne boje vampira.

U proleće kiše, tope se snegovi, nadođu vode, Jošanica pocrni, tutnji, huči i stenje; voda dođe do pervaza; ćuprija se uvija, drhti i cvili, žalosno i otegnuto, pritisnu je duše davljenika, tabuti i limeni sanduci sa sremskih klanica. Nadnesene nad nju, na vrbama, pevaju tužne pesme, prizivaju đavola koji je pobegao od Isusa u Mokru goru i sakrio se u Ponor. Prepadnut, danima nije izlazio — osluškivao je blejanje ovaca, mukanje goveda, pored jezera, s pašnjaka.

To jezero i pašnjaci pripadali su Borjanu, štitonoši kralja Milutina. U tog Borjana bili čobani — Milijana i Sava. Ona breskva u zrenju, on jablan vitkostas. Čuvali ovce pored jezera, ležali u hladu i milovali se.

Iz jezera izlazio zlatoruni ovan, zaskakao ovce. Taman bućne u jezero, a iz jezera bik, crn kao noć, zaskače krave. Ovce se jagnjile, krave telile, bilo mleka, sira; posed napredovao — vlastelin zadovoljan, po Mokroj gori lov lovio s kraljem Milutinom, pratio ga na Kraljevo brdo; gledali niz Ibar, u kanjon; reka hučala, penila.

Davo izašao iz jame bezdanke, privukao se na jezero pre zore, sačekao da Sava i Milja na pašu dognaju stoku, pretvorio se u zlatorunog ovna, izašao iz vode, blejao. Preobrazio se u bika — mukao, kopao desnom nogom, bukao rogovima. Na obalu nagrnule ovce i krave. Davo u jezero, ovce i krave za njim — davile se. Sava i Milja strčali ka jezeru. Bilo kasno. Pola stada udavljeno. Milja, očajna, zagazila u vodu do kolena. Davo se pretvorio u veliki talas, propeo se, poklopio Milju, povukao je na dno. Sava potrčao da spase Milju, talas se uskovitlao, zakačio i njega, povukao s Miljom.

Zelenom od besa, štitonoši Borjanu su javili šta se desilo — Miljinu glavu pronašli u Mojstiru, u planinskom izvoru, donele je podzemne vode, a Savino telo u jednom potoku ispod Kolašina. Izvor na Mostiru nazvali su Miljina glava, a potok Savina reka.

Nasred ćuprije Tori je stao, onjušio pervaz, podigao nogu i zapišao; kao da je hteo da duše, koje noću isplivavaju iz vode i penju se na vrbe, nagaze na sugreb. Usred noći voda potmulo žubori, izlaze duše; predvodi ih Fišer, električar i fašista. Cvili, nedostaje mu Aćif. On, slobodan, šeta. Uzoran je, klanja.

Kad umre, Fišer neće biti sam. Cvileće zajedno, paliće na drveću, za mrklih noći, vatre.

Prošli su preko ćuprije. Tori se osvrnuo, podigao glavu, pogledao prema Lazaru. Ima ljudi koji liče na medvede, na vukove, lisice, mačke, zmije, pacove; Lazar je ličio na psa, na njegovog brata. Nije lukav, brz, osion kao ljudi-mačke, ni prepreden kao čovek-pacov već prostodušan, širok, pošten, dobroćudan — pseći brat. Možeš mu raditi svašta, trpi, ali kad mu prekipi, sklanjaj se.

Lazar nije primetio da je Tori stao, da gleda čas prema njemu, čas prema Suncu koje je počelo da tone. Gleda i cvili.

11

Pelagonija. Sitna, ledena kiša natapa šatorska krila, prodire, zavlači se i ispod pazuha. Vežba divizija: jen-dva, jen-dva. Ništa je ne sme iznenaditi. Pronose se glasovi: pukovnik Kanlatarovski polaže za generala, psuju mu majku, sestru, ženu; Aki, Šiptar iz Nesuhove čete, gruju. Kažu, prava vežba tek predstoji, uključiće avione, helikoptere, biće bojevo gađanje, ganjaće ih po brdima, kroz potoke, baruštine. Šljap, šljap, šljap — čuva revolucionarne tekovine divizija.

Nesuh izviđač; Lazar vezista — služe narodu, isprobavaju bojevu gotovost. Najborbeniji su kod kazana. Kiša pada za vrat, vojnik iznutra uzme čaj, paštetu, hleb pod ruku, beži pod drvo, ždere na kiši, pije iz manjerke. Večera je nešto drugo, ručak se preskače, vežba je; za večeru se živi: da se večera, pa u zemunicu.

Nesuha i Lazara zbližila večera. Zemljaci su, braća. Ko nije bio u vojsci taj ne zna šta je zemljak. Zbližio ih kuvar, zemljak iz Vranovine, dugoruki klipan, kome su vojnici tepali Paki. Umesto u zemunicu, ostajali su pored poljske kuhinje, pušili; bilo je i rakije.

50

Nesuh je učio čitanje karte, hvatanje „jezika", odbranu od noža; održavao se i preživljavao u prirodi; učio orijentaciju, prepade, diverzije. Lazar svojstva radio-stanice „RUP 1b", kilažu, tehnička svojstva, goniometrima hvatao neprijateljske radio-stanice; uhvatio vest da kralj želi da se vrati. Umorni, prozebli, gladni, vraćali su se, svaki u svom vodu, pevajući „Jedan, dva, jedan dva — mi smo složna Armija".

Nesuh se silno radovao kad su njegovoj četi priključili odeljenje veze. U grupi vezista bio je i Lazar. Izmolio je ćatu da Lazara dodeli njegovom odeljenju. Otpočela je velika vežba.

Nesuhovo odeljenje ubačeno je helikopterom u pozadinu Crvenih. Naređeno im je da na koti 823, naprave bazu, osmatraju i izviđaju, „RUP-om 1b" šalju šifrovane poruke, otkriju centar veze, komandu, raketne jedinice, živu silu u njihovoj zoni osmatranja.

Crveni, ime im kaže, neguju revolucionarne tekovine, moraju da pobede; teritorijalci da uhvate ubačene plave, da ne vrše diverzije, prepade, truju izvore i unose nemir u stanovništvo. Nesuhovo odeljenje trebalo je da bude uhvaćeno i likvidirano. Dali mu Josa, Akija i Makija; ako se izuzme Lazar — sve smotan do smotanog. Ko je, međutim, mogao da pretpostavi da je Nesuh Azirov potomak? Otkrio je centar veze i komandu Crvenih. On i Lazar uzeli su topovske udare, javili šta su otkrili i, kad je pala noć, izvršili prepad na komandu i centar veze; pripucali, šmugnuli uz brdo.

Uzalud su Crveni svu noć tragali, naprazno šenlučili. Nisu ih pronašli. Poručnik se radovao.

„Jebeš sve ovo", rekao je Lazaru, dok su ih pincgauerima, prljave, gladne, umorne, neispavane i promrzle vraćali u kasarnu. Davio se u cigaretama i mastici. Plavom trakom mahao Crvenima. „Danas je kurban!" uzvikivao je, mašući flašom. „Kurban. Hej!"

Lazar ga je našao sutradan, iza kantine, pijanog, izbezumljenog, pod temperaturom. Ko nije bio u vojsci, on ne zna da je zemljak brat. Sa svakim novim gutljajem raslo je Nesuhovo poverenje u Lazara, potreba da bude iskren, da mu se poveri. Ispričao mu je kako ga je kao dečaka Hasan namamio u tekiju, kako ga je svukao i milovao. Bilo je to na kurban-bajram — praznik sadake i milosrđa, kad se kolju ovnovi.

„Otada, ja nisam ni muško ni žensko", rekao je. „Razumeš, ni muško ni žensko! Čim sklopim oči, ugledam dugume s vodom, tepsije, zaiskre sveće, stvori se ćilimče."

Tu, iza kantine, u kojoj su vojnici lokali pivo i jeli napolitanke, Nesuh je poverio Lazaru tajnu koju je znao još jedino Rahman, njegov stariji brat, čije ime na arapskom znači ovo opšti dobročinitelj. Odneo je u grob tajnu da je za jedan šorvan Mejra namamila Hasana.

Procvetala višnja. Na drveću rojevi ružičastih cvetova. Puklo proleće. Iz okovratnika izvukli se vratovi. Kaplje sa streha. Zasjalo. Razgrejale se kosti. Haljine i mantili zamenili kapute i bunde. Isklijale devojke, iždžikljali dečaci, iz pantalona im izrasle noge, iz džempera ruke.

Hasan cele zime jeo sušenu ovčetinu — smrmao četiri lubine. Kusao kupus, pekao krompir i pio raso. Uležao se. Nadošla snaga. Izmamilo ga sunce.

Dođe do Čivutske ćuprije. Digao glavu. Čaršija njegova. Pravi se da ne primećuje Mejru na ćupriji. Ponosan, do njega ne dopire njen krezav osmeh. Prođe. Krene uz čaršiju. „Merhaba!" pozdravlja uz put.

Okrene krug. Zametnuo se, a oči gladne — zadiže suknje gimnazijalkama, pljesne otpozadi dečaka. Vilični mišići mu igraju. Ne zna šta će pre. Vrati se na ćupriju.

„Idi napred. Ja ću za tobom", kaže Mejri. Sledi njen skakutav hod. Gleda kako izvija ramenima, vrcka dupetom. Idu prema njenoj kući.

Mejra ispunila pogodbu. Podgojen, uležan, azgin, navalio još s vrata na nju, kao i uvek. Krv mu udarila u lice, zajapurio se. Navalio, vuče je prema minderu, da se umuva među njene noge, prodere se kao magarac. Sve bude gotovo kao dlanom o dlan. Dâ joj neku paru, zaglavi na vrata.

Pre nego što ju je zaskočio, Hasan se prodrao — od bola. Potplaćena od Nesuha i njegovog brata, Mejra mu je brijačem odsekla kitu. Hteo da je siluje, rekla vodi patrole. Iskaz potvrdila kod istražnog.

Podbuo, otupeo od pića, Nesuh je pričao sporo, nepovezano, odsutno i u pauzama. „Šta ja imam od toga", pitao se. Proklinjao sudbinu, psovao Kalimera, kako su zvali poručnika, po piletu iz crtanog filma „Kalimero". To pile je, boreći se za pravdu, govorilo: „Nepravda, brate, pa to ti je!" Nepravda, ponavljao je Nesuh i tonuo u san.

Dugo je posle toga dana izbegavao da se sretne s Lazarom. Nije mogao sa sigurnošću da se seti šta mu je sve pijan ispričao. Bilo mu je nelagodno, tesno. Pored Lazara, skačući s noge na nogu, kikotao se dečak, bežao po krugu, sklanjao se od zemljaka, danima izbegavao kantinu. A onda, jednog dana, vraćajući se s moralno-političkog obrazovanja, gde su govorili da je Jugoslavija pre rata bila zaostala, necivilizovana, veličali uspehe boljševičke industrijalizacije, elektrifikacije i socijalizma, sreo je Lazara i Pakija. Nije imao kud. Oči u oči. Otišli su na pivo. Lazar je ćutao. Ni reči o golom dečaku, namamljenom u tekiju, skupljenom na ćilimčetu.

Odahnuo je. Laknulo mu je. Nije se čulo. Lazar zakopao tajnu. Zemljaci su. Mogu u kantinu, u grad, da večeraju, u bioskop. Plaća Nesuh, poštuje glas zakopan u živa čoveka. Naila to nije znala. Čudom se čudila: zašto kad daje za Lazara, kad mu šalje novac, njegove ruke ne drhte, ne nabira čelo, ne pritiska ga mrzovolja. Zašto mu uopšte i šalje novac, pitala se?

Pelagonija, kiša, magla. Ispod pazuha mokro. Lazar prešao preko ćuprije, ide uz ulicu, prema kući — u duši mu studeno.

12

Jedan sveti čovek je propovedao da se koza hrani trnjem i daje mleko, da se zmija hrani mlekom i daje otrov. Da je poznavao ženu Lazara Crnobrada taj sveti čovek bi dodao da se žena hrani otrovom, a sipa žuč.

Sveti čovek nije poznavao Crnobradovu ženu i njegova propoved ostala je nepotpuna. Lazar Crnobrad nije, pak, znao priču o grlici koja se ne odvaja od mužjaka, zajedno svijaju gnezdo. „Ako jedno od njih ugine", kaže se u priči, „mužjak ili ženka, žali jedno drugo do smrti i mutnu vodu pije, niti guče, niti na sirovo drvo staje." Lazaru je bila nepoznata i poruka priče da čovek bezumni, kad izgubi „ljubavnog druga svoga" ne treba da zavidi ženskoj lepoti, već da se seti Izgnanstva, ženskog lukavstva, njene prevare i da pozavidi grlici.

Parohu Gligoriju je ta priča bila poznata. Mogao je ispričati, ali i opomenuti Lazara da se u senci njegove žene, kad hoda, nalazi *on*, čije ime ne treba spominjati o nečistim danima. Nastanio se u njoj, sa strane se to bolje vidi, poput detlića koji leti od drveta do drveta, kljuca i osluškuje. Ako bude prazno i zazveči, izvrti rupu, dođe do šupljine i useli se;

ako, pak, drvo bude zdravo on beži, kao demon od čoveka koji je samoraspeće podredio iskušenju sveta.

U njoj je zvečalo od nezadovoljstva; uzrok svih zala bio je Lazar, da njega nije život bi bio beskrajna poljana ispresecana vodama, u kojima plivaju klen i krkuša, pastrmka i mladica; ribe velikih očiju, riba koja na kosti glave ima krst — nema sitnih kostiju; riba koja je despotu Đurđu pobegla iz tiganja, pržena s jedne strane, skočila u Dunav, što je predskazalo pad Smedereva.

Lazar Crnobrad je poštovao jevanđelje koje veli: što je bog sastavio, čovek da ne rastavlja — nije se razišao sa ženom svoje mladosti. Noći i noći, sve dok veštak nije otkrio da je jalovak, grejao je za nju postelju, osluškivao kad će da uđe; čekao nju, koja je u duši nosila veliku prazninu, od koje je bila studen.

Kad je Sunce zašlo, ušao je s Torijem u avliju. Odagnan poganim jezikom, sklonio se, umesto da pogan jezik iščupa. Nije znao da se onome ko ubije zmiju devet grehova oprašta, da se prema ženi treba ponašati kao petao prema kokoškama. Tori je gledao: petao nađe zrno, svabi sve svoje žene, kad se skupe on ga sâm požd ere. Ako se koja pobuni, on kljunom — pravo u glavu.

„Ti si ološ i kurvar", rekla mu je. „Pogana sorto!" uzviknula.

Pravdao se, pokazivao lekarski izveštaj, pokušavao da je smiri. Uzalud, njen bes je rastao, lupala je vratima, vraćala se, uletala u sobu, raščupana, crvena u licu — ženska bezočnost nema granica.

Lekar je insistirao da upotrebe nalaz. Kako? Nenad? Jedino što ima. Njegovo juče, i danas, i sutra. Kučka!

Nesanica, duga i iscrpljujuća, počela je saznanjem da je jalovak. Jedne noći punog meseca u njega je ušla mesečeva zraka, zasekla se, kao da je čelična spirala, iza slepoočne kosti, prema oku. Nešto u zidu je kuckalo; zraka ga ja mamila napolje, pred kuću.

„Šta joj radim, šta hoće od mene?" pitao se. „Otrovnica!" uzvikivao je. Kad uđe u kuću, u zidu kucka: sat, dva, tri; njen pogan jezik palaca; kad izađe napolje, kao da izađe ispod toplog poklopca, iz prostorije ispunjene parom. Neka koprena, pihtijasta mreža, skidala mu se s očiju. Odahnuvši, trzao se iz obamrlosti, posezao za flašom, na klupi, pod višnjom, ispod kuće, ispred kioska, svuda.

Tori je gledao, vrteo repom, režao. Zulfu su jahali drugi. Lazar nema ništa sa njom. Ćurčija, podlac i izrod, nagovorio je. Na slušalicu stavio maramicu, Marti rekao: „Tvoj se čovek sastaje sa Zulfom!"

U nesrećnim brakovima pravo prevare zadržava se za sebe. Marta je Lazara varala, a izbezumilo je saznanje da je i sama varana. Oči je htela da mu iskopa, pljuvala ga i grebala. „Nije se polakomila za tvoje bogatstvo, tvoje je!" vrišti.

Troma misao u Lazara, mili poput puža. Sporo misli, brzo zaboravlja. U razgovoru sabesedniku povlađuje, klima glavom, poklanja mu pažnju, neće da mu protivureči, da ga povredi.

Ženi i mački ne veruj. Žena ima devet duša. Tvrda je, podla i pogana, kao mačka. Dete Lazarevo, izjavila Zulfa — tužila ga. Bilo je to kad su na vlasti bili komunisti. Lazar s Brnovcem, studentom, šezdesetosmašem, trockistom, pio kafu, sporo mislio, brzo zaboravio da je Brnovcu povlađivao kad se sprdao s diktaturom radničke klase. „Tačno, izdana revolucija", složio se. Da je razumeo pseći jezik Tori bi mu rekao da reč i u najdubljoj tami isklija, zasvetli, vine se i pukne. Ćurčija brzo mislio, pamtio, ništa ne zaboravljao — kad čoveku razoriš dom, razoriš mu dušu, posle je lako. Luk i voda. Tvoj je. Čovek bez doma je čovek bez boga. Ptičica na grani — svakom plen. Dok dokaže ko je, šta je — posao završen.

U zidu kuckalo, Lazar u rukama i ramenima osetio svrab. Nešto je milelo, grickalo pod kožom, golicalo. Umesto lekaru, otišao je teta-Zoji, koja zlo od ljudi odgoni u goru, pustinju, u jamu bezdanku, gde petao ne peva, gde vukovi zavijaju i zle duše urliču.

Ona je znala šta valja činiti kad se sanja mrtvac, šta predskazuje pčela, šta biva kad se usni beli konj. Salivala je stravu, lečila groznicu, živu ranu, od zmije, padavicu, glavobolju, kašalj; gatala o vremenu, ratu, oko letine, oko stoke, gledala u šolju.

„Pas je pogan", govorila je. „Ako te, ne daj bože, u snu ujede, znaj, umrećeš."

„Nagazio si na sugreb", rekla je Lazaru. „Stao si tamo gde je pas kopao šapama. Da si pljunuo — sve bi bilo u redu", naglasila je. Dala mu lek od nišadora, sumpora, soli, ulja, trave avnaka; rekla da se okupa vodom donesenom s tri izvora, da maže ramena nekoliko dana posle kupanja.

Lazar nije primetio tetka-Staku i komšinicu Vasviju na doksatu Brnovčeve kuće. Seo je na klupu ispod kuće, pod lipu, Tori se skupio kraj njegovih nogu. Leđima je bio okrenut od ulazne kapije, češao se po kosi, rukama i ramenima. Prinosio je dlanove licu, mirisao. Smrad mu je odranije poznat. Oseća isti svrab. Nema ničega čega nije bilo. Gora se svake godine presvlači. Nebeski letač odbaci pero, ali pero i dobije. Lisica, vuk, medved — preoblače se. Prolazi godina za godinom, svaka je ista. Početak kraju hita, kraj početku.

13

Šadrvan žubori. Voda se izvija, propinje,pršti, pada, peni, mehurići se roje. Sunce selo za Đurđeve stupove. Dnevna jara se smirila. Veče umiva pluća i krepi dušu.

Pored šadrvana sofra. Na sofri rakija, hleb, so, sitno seckana pečena paprika, salata od krastavaca i paradajza. Za sofrom Nesuh i Lazar. Ćute. Umaču hleb u so, meze. Otpijaju lagano, u malim gutljajima. Priđe Patuljak. Pogleda da nešto ne nedostaje. Nestane.

Lazara ne prolaze žmarci. Ne svrbe ga ruke, ne smrdi mu koža. Diže čašu, prinosi je usnama. Pokret mu je lagan i odmeren. Nesuh mezi. Nema dečaka kestenjaste kose — roba otpremljena, zlato prodato, spokojan je i miran. Voli Lazarevo ćutanje. Veče odmiče.

„Daj mi rešenje", kaže.

Lazar odlaže viljušku, pruža mu papir, s obe strane gusto kucan.

Nesuh čita da je opštinski sudija u prekršajnom postupku protiv okrivljenih Redžepagić Alije Mavra, Ismailović Ibrahima Košute, Vučine Vladimira Brnovca i Crnobrada Belojice Lazara, doneo rešenje po kojem su odgovorni što su se na dan 7. aprila 1969. godine, posle šest časova, u kafani ugostiteljskog preduzeća „Lipa", koje se nalazi u Rajčinovićkoj banji, u pijanom stanju drsko ponašali. Sudija je, na osnovu člana 2. st. 1. tč. 1. Zakona o prekršajima protiv javnog reda i mira, doneo rešenje da se kažnjavaju novčanom kaznom svaki po 200 (dvesta) dinara, od dana pravosnažnosti rešenja, a ukoliko ovo ne učine u određenom roku, novčane kazne će se zameniti kaznama zatvora u trajanju od po sedam dana i izvršiti.

Prekinuo je čitanje kod obrazloženja, otpio rakiju, zamezio. „Hm!" promrmljao je.

U obrazloženju rešenja up. br. 2187-2190/69. pisalo je da je stanica milicije pod brojem 214—218, od 9. aprila 1969. godine podnela zahtev za pokretanje prekršajnog postupka protiv okrivljenih, imenovanih u dispozitivu rešenja.

„Prekršajni postupak", pisalo je u obrazloženju, „po zahtevu je blagovremeno pokrenut i okrivljeni na saslušanju kod ovog sudije priznaju da su prethodne noći bez prekida, odnosno bez spavanja, proveli noć u piću alkohola, i da su na dan 7. aprila 1969. godine, rano ujutru otputovali u Rajčinovića banju, da bi se ovde okupali, iako su bili pod dejstvom alkohola, s tim što ih je u banju dovezao taksista. Dalje priznaju da im je konobar kafane u Rajčinovića banji Dolovac rekao da sačekaju sa dobijanjem karti za kupanje, odnosno ulaskom u bazen kraće vreme, jer se jedni ljudi, koji su ranije ušli u bazen, već kupaju. Međutim, okrivljeni su bili uporni da uđu u bazen i kupaju se pre izlaska lica koja su ranije otišla u bazen, među kojima su bili Mehmedović Bejto, predsednik SO-e i druga lica sa njim. Dolovac je na kraju izdao karte — ulaznice za kupanje i ovi su otišli u bazen, ali su se u bazenu nepristojno ponašali; međusobno se rvali, vikali, pljuskali vodom i na taj način prisilili lica koja su se ranije kupala da izađu iz bazena pre no što je isteklo vreme za kupanje, odnosno što su oni odlučili da završe sa kupanjem. Okrivljeni ne priznaju da su se izražavali pogrdnim rečima na račun predsednika SO-e i drugih lica koja su se nalazila u ovom bazenu. Međutim, iz izjave Dolovac Hazba, konobara dotične kafane i Nezirović Amaše, koji su izjave dali kod ovlašćenog radnika SUP-a, vidi se da su se okrivljeni nepristojno ponašali prema konobaru u kafani, pre ulaska u bazen na kupanje, a priznaju da su u bazenu bili bučni.

Ceneći sve navode...” pisalo je, između ostalog, u obrazloženju rešenja.

„Za lovu ne brini”, rekao je Nesuh kad je završio čitanje.

„Dolovac nije hteo da nam izda karte. Kupa se Predsednik, veli”, naglasio je Lazar.

„Ne, ne, nije samo to!”

„Nego?”

„S vama je bio Brnovac. Šta ti je to trebalo?” upitao je Nesuh.

„Koje?”

„Brnovac je student. Ti znaš kako se danas gleda na njih. Em ušli u vodu, em se kupali sa studentom. Ne muti vodu velikoj ribi, Lazare!” rekao je Nesuh.

Mesečeva kočija je projezdila dobar deo neba. Šadrvan je ispričao hiljadu priča. Patuljak je po ko zna koji put prineo meze. Pored Srećnog sokačeta, prema Nikšićkoj džamiji, teturala se Amina, Nailina sestra, pijana, kreštala, padala u jarak. Lazar i Nesuh su i dalje sedeli. Utonuli u ćutanje, zaboravili su i studenta, i rešenje. Ukrcan u mesečevu kočiju, svaki je plovio na svoju stranu. Mezili su i pili. Noć je osvajala.

„Kako je šaren i visok!" pokazao je Nesuh prema nebeskom svodu.

„Visok!" promrmljao je Lazar u bašti, setivši se Nesuhovih reči. „Jedni ljudi!" rekao je.

14

Od ludog popa, luda molitva. U Lazara neodgovorna, tvrdoglava, lažljiva, varljiva i pogana žena. Obuzet njom, nije primetio Vraneša, niti čuo njegovo „Dobro veče, komšija", koje mu je uputio odlazeći na sunet Bahtijaru, Mezirovom sinu. Zurio je napred, prema zidu koji je delio njegovo od Mezirovog dvorišta; osluškivao tihe zvuke saza, darbuke, setne pesme, što su zaparali veče.

Pesma je bivala jača, zvuci darbuke i saza izrazitiji; kako se društvo uvećavalo, veselje je bivalo gromoglasnije. Najedanput, neko je uzviknuo „Čekaj, stani!" sve je prestalo, utihnulo. Iznenadnu tišinu remetio je jednolični romor glasova — ali nakratko. Iza zida, prema modrosivom nebu izvio se zvuk bubnja, jednoličan, snažan, potmuo, grmnuo je. Uzvici odobravanja, pljesak i klicanje, slili su se s njegovim zvukom.

Tori je na prve, jednolične, taktove počeo da zvera levo-desno, da se vrti ukrug. Zatim se ukipio, zagledao prema zidu Mezirove kuće, arlauknuo snažno, odvažno, kao da je hteo da nadjača bubanj. Ukopao se u zemlju, načuljio uši, osluškivao, lajao, ćutao, slušao;

lajao, ćutao, slušao, lajao — kao da je sa bubnjem razgovarao.

Udaranjem u bubanj celom svetu je objavljeno da je pravoverni Bahtijar obrezan, da je punopravni član muške družine. Njegovu muškost najavio je bubanj koji je mnoge otpratio u smrt. Bahtijar to nije znao. Niko od prisutnih nije znao istoriju bubnja, koji je s Torijem u srodstvu. Fišer, švapski špijun, streljan — mrtva usta ne govore; Aćif guja, ćuti kao mulac.

Pseće vreme. Nebo se izvrnulo, prokišnjavaju i kosti. Aćif odeven u zelenu čoju stoji uz opštinski prozor, dobuje o staklo, gleda u prazno, na ulicu, čeka Fišera, da se vrati iz posete radnoj brigadi, da pritegne gde klima, da odseče šta štrči, da Hristove izdajnike uljudi. Naredba pala, nazad ne!

Fišer pred kasarnom. Kabanicu mu umiva kiša, čizme utonule u raskvašeno tle. Uz njega vojnici, upereni automati, pored njih šljapkaju, posrću, spadaju im cipele drvenih donova, lepi se na njih blato. Pronose kazane tople vode, drvene daske, košire. Idu prema obližnjem drveću.

U rakljama drveća čengeli, u čengelima psi: žuti, crni, beli, šareni, veliki i mali, seoski džukci i gradske lutalice. Strada seljak, strada i njegov pas. Zlo se nadnelo nad građanina, glad pritisla i njegovog psa. Glad od umivenih kućnih ljubimaca pravi beskućnike i skitnice. Obešeni za zadnje noge, kao jagnjad, vise psi. Ispod njih se puše kazani tople vode. Neke šure, neke briju, treće niti šure niti briju — deru ih s krznom.

O čengelu visi i deda Torijevog čukundede. Šiša ga, brije i doteruje Zadik K., krivonogi Jevrejin. Uhvatili ga, vezali, zatukli motkom, isplazio jezik, kao zaklano prase, na stranu. Beli se obrijana koža, klize kišne kapi, presijavaju se.

Vojnik uperio automat, gleda kako Zadik spretno barata brijačem, dovršava brijanje. Prihvata nož, oštar, tanak, šiljat. Na vojnikovom licu prezir.

Zadik zaseca niz levu, pa desnu zadnju pseću nogu, lomi šape u zglobu, zdere ih. Puši se crvenkasto meso, lipti krv, sliva se niz otegnutog psa, prema ušima. Ima sreće. Dranje dobro počelo.

Samo da ne raseče kožu. Ko to učini, zameniće psa, draće ga živa — zapretili. Neće mu pomoći ni Avram, ni Isak.

Odranu kožu dede Torijevog čukundede posle pregleda Zadik K. je odložio u košir, koji su Judini potomci, kad se napunio do vrha, odneli na štavljenje — sušenje, kvašenje, luženje. Deo koža izrezan je u pantljike, za bičeve zvane pseći, a od drugog dela napravljene su membrane za bubnjeve.

Kože pasa: žutih, belih, crnih, šarenih, koji su odrani i krvavi, danima kisli obešeni čengelima za zadnje noge, poslužile su kao membrane za bubnjeve vražjoj diviziji, upućenoj na Istočni front, da sinovima kame podižu borbeni moral, da réže, grizu, kidišu, budu ljuti kao psi; da satanija odlučno prolazi kroz zadah spaljene ljudske telesine i udiše „zrak što zaudara na lešine."

U zlodelima krvoločne Đavolje horde učestvovala je i koža dede Torijevog čukundede. Kako je vraćena ostaće tajna. Fišerova mrtva usta ne govore, Aćif ćuti. Dobošar se pretvorio u ribu. Doneo bubanj u tekiju, da o njemu brine Hasan, i utekao.

Tori je osluškivao, lajao, gledao prema zidu. Kad je udaranje u bubanj bilo najžešće, uspravio se na zadnje noge, zanjihao levo-desno i, prateći ritam bubnja, arlauknuo. Poslednji zvuci bubnja sjedinili su se s njegovim urlikom, poleteli prema nebeskom svodu, protresli ga. Palile su se zvezde, zasjalo nebesko biserje, izranjali dragulji.

15

Bogu božje, caru carevo. Lazar Crnobrad je platio kaznu. Bilo za cara, ali preteklo i za njega, dao Nesuh. Došao je do „Granate", počešao se po glavi i ušao da ispere grlo.

Duvanski dim, miris somuna i ćevapa, prosuto pivo, rakija, prljavi čaršavi, muve. Dim štipa oči. O onisku tavanicu odbijaju se glasovi, prozukli i kreštavi. Vraneš, Salko, Harun, Hasan, Iljaz pevaju: „Imao sam devet žena, sve ih nađe smrt, primio ih gospod gore, u nebeski vrt."

Hasan probada iglu kroz obraz, Salko za opkladu ispio bokalče rakije, povraćao, vraća se teturajući, pada za sto, gubi se. Vraneš podiže ruku, stiska pesnicu, mrda kažiprstom prema Hasanu. Na trenutak pesma prestaje. Hasan psuje vlašku majku, zamahuje prema Vranešu. Vraneš se izmiče, svi se smeju. „Otkud joj brijač?" pita Iljaz, prodavac lozova, srećki — nesrećko. „Da je meni odsekla, ja bih je zubima", kaže Harun. Vraneš opet podiže ruku, opet smeh.

Kad su Salka, omamljenog od pića, izgubljenog, bez svesti, stavili na tabut i, iz dvorišta, pored „Granate", poneli prema Gazilaru već je bilo prošlo podne. Prolaznici su skidali kape, vozači zaustavljali automobile, rahmetli Salku odavali poštu. U dvorište tabut su donela dva dečaka, koja po kafanama prodaju cigarete. Ukrali ga iz džamije za dva „crvendaća".

Išli su Prvomajskom, ulicom velikih radnih pobeda, u koju bi prvo svratio drug Lenjin da je došao u radnu i prijateljsku posetu Sandžaku. Spontano, uz pit, pridružilo im se nekoliko ljudi. Prihvatilo se, prema običaju, tabuta. Pomoglo Vranešu, Hasanu, Harunu, Iljazu.

Prošli su pored Antun-alem džamije, koju je, prema predanju, podigla najstarija pašina kćerka Antuna, sestra Hadžire i Halime. Jedna od tri rajske lepotice, koje su, ohole i probirljive, ostale neudate. Najstarija je podigla džamiju, srednja naselje Hadžet, a najmlađa česmu. Prošli su pored mejtefa, sportskog društva „Partizan", došli do Karahodžićke ćuprije, koja premošćuje Jošanicu, niz koju karakondžule noću jašu okasnele prolaznike. Natovare im se na leđa, teraju ih sve do prvih petlova.

Uz Jošanicu topoljaci, breze, jove, jasike — crno, belo i sivo rastinje. Pred Mladu nedelju iz vode pišti, zapomaže, plače; mačka je, dete, čovek — ne zna se šta je. Iznad ćuprije stenčuga, ravna. Mesečina, toplo; čovek je, šta je — u crvenoj kapici? Iz topoljaka, sa žalosne vrbe, pišti luda Mejra. Stanovnici desne obale tvrde da njena duša za mesečine izlazi iz vode; sunča se na grani vrbe, priziva pesmom dragog, boluje i pati. Blizu je Gazilar. Plaču mala zadavljena deca. Duše se dozivaju.

Vraneš, Hasan, Harun i Iljaz nad vodom smenjuju pridošlice u nošenju tabuta. Voda izdaleka hita, ispod Jeleča, grada proklete Jerine. Pronosi priču o ženidbi kralja Milutina Simonidom. Veliča svadbu u Jeleču. Po vrbama duše davljenika slušaju kako je Grk Milutinu prodao Simonidu, kralj ga prostrelio, progoreo očima koje se skupljaju u jednu tačku. Grku pozlilo, pa na postelju, tuguje. Srbi se vesele, peku se peciva, pije medovina.

Voda klizi niz belutak koji su dovaljale vode iz lovišta kralja Dragutina, silnika koji je zaboravio boga i svetog Savu. Ohol, na konju lov lovio. Uzda u čovekovoj, konj u đavoljoj ruci. S grane skočila zmija, pala konju na glavu. Konj se propeo, nije mario što nosi vladara: kad je smrt za vratom svako je svoj vladar. Zmija pala, konj skočio, zbacio gospodara, gospodar se otkotrljao u potok, slomio nogu.

Pogrebna povorka stupila na ćupriju, boga se boji, vlast poštuje; došla do vode uz koju se može stići do ispod Jeleča u Otes, gdo su kralju Dragutinu tesali štulu. „Ovde sam stradao ja", rekao bratu Milutinu. „Gledaj da ne pogineš ti", opomenuo ga i odrekao se prestola.

Na ćupriji: Mikajlo — lončar iz Žunjevića, sela na ivici jame bezdanke, u kojoj prokleta Jerina preko dana krije jarca. Čovek na svom mestu, zastao da propusti pokojnog Salka. Umro čovek, običaj, takav red. Zemlja zemlji, prah prahu — bacio u vodu cigaretu, ukipio se, skinuo kapu, baš kad je tabut došao do njega.

„Neka, ne bacaj, daj da pripalim", začuo je s tabuta, video kako se mrtvac uspravlja u sedeći položaj i naginje prema njemu.

Uzalud su ga vodili kod teta-Zoje, gasili ugljevlje, salivali stravu, psima davali da jedu vradžbinu, ostavljali na raskrsnice liveno olovo, izlivene zmije, aždaje, zle oči, lončar iz Žunjevića je pao u postelju, niko nije mogao da ga ubedi da su pijandure iz „Granate" na tabut stavile druga oduzetog od pića, da se ovaj, iz dubokog sna, iz obamrlosti, povratio na Karahodžićkoj ćupriji i da je, kao strastveni pušač, prvo posegao za cigaretom.

16

Tori je bio crn kao zift, sa belim prstenom oko desnog oka. To oko i kad spava, bilo mu je poluotvoreno. Motrilo je. Kad je bubanj prestao, kad su ljudi i zveri obavešteni da je Bahtijar primljen u društvo muževa, Tori se smirio. Izvesno vreme gledao je prema zidu, žmirnuo okom s belim prstenom i vratio se Lazaru, koji je ustao s klupe i seo na izvrnutu kofu. Doskakutao je do gospodara, koji je glavu uronio u ruke, laktove oslonio o kolena.

„Jesi li gladan, Tori?" upitao je Crnobrad, pomilovao ga po glavi i utonuo u ruke.

Romor glasova. Nema bubnja. Pesma kao da izvire iz zida — tužna, kazuje o večernjoj izmaglici, o varoškim fenjerima, o momačkoj tuzi, o ljubavnoj muci. Ko nije čuo mujezina u sumrak, ko nije doživeo paljenje gradskih svetiljki, video večernju izmaglicu, osetio večernje mirise, slušao pesmu tihu i daleku — taj ne zna šta je tuga. Ma gde išao, ma šta radio, ma gde živeo, kad najmanje očekuje, nenadano, osetiće davni miris, zabrujaće zapretana melodija, zaigraće poznata slika, nozdrve će mu se skupiti, od potiljka prema nosu i očima, prostrujaće toplina, ushićenje i tuga; radost i plač potrešće mu dušu.

Šta je potresalo Lazarevu dušu moglo se naslutiti po njegovoj skrušenosti. Rukama kao da je zarobio misli, osećanja, kao da se odelio od sveta. Nije ni trepnuo kad se Tori odjedanput uzjogunio, kad je skočio, kao da je ugledao mačke koje — dok februar štipa njušku, grize ledenim zubima — omamljene, izvan sebe, luduju, mjauču, zavijaju bebećim glasovima, obuzete željom za mačorom, oštre dlake kao kostret, ili požudom za mekanim mačkama sanjivog pogleda.

Na doksatu Brnovčeve kuće, odavno već nije bilo nikog. Kafa popijena, komšinica ispraćena, tetka Staka usnula; mrak je zavio kuću, perunike se ne vide. Sokak pust. Naila prošla. Vratila se od Nesuha. Svlači se, umiva, sprema za noć, pritisla je tuga. Tuga i Angelini, sedi na krevetu, osluškuje pesmu, lavež, misli na Vraneša. Nije joj ni do večere, ni do spavanja, ni do čega.

Tori se zaleteo prema baštenskoj ogradi, iskezio zube, zarežao i zalajao. Ustremio se prema otvoru kroz koji je gonjen decom, pretučen, izujedan od pasa, utekao. Zverao je prema otvoru u kojem su mu u provlačenju ostala parčad kože, dlaka.

Otvor je bio uzak, tarabe izreckane, prepune šiljatih ljusaka; zapinjala mu koža, koja mu je, izujedanom, visila sa grudi i vrata, u dronjcima. Utekao je u dvorište, provukao se, ostavljajući za sobom krvave zakrpe kože, krvlju umrljanu otrovnu dlaku.

Drhteći, šmugnuo je pod klupu, lizao rane, koje je mogao da dohvati, cvileo. Ništa nije tako tvrdo kao pašče. Rane su zarasle, uboji nestali, koža u otvoru se sasušila, sprčila, pocrnele prilepljene krvave dlake.

Kao da ga je neka snažna ruka odbacila unazad, Tori je odskočio od otvora, režeći, lajući, zaleteo se iznova, odskočio, besno lajao. Zaletao — odskakao, da bi u najžešćem, zverskom, zaletanju podvio rep, drhteći i skičeći kao štene. Uvukao se pod klupu, glavu položio na zemlju. Opuštenih ušiju netremice je gledao prema ogradi. Prednje šape isturio je napred, ukopao se, oslonio, spreman da se svakog časa nada u beg, skoči napred, ustukne, odskoči u stranu. Krzno mu je drhtalo, mišići na nogama igrali, oči mu se, kao u čoveka, do suza mutile. Bio je ponizan, slab, drhtao je.

Nekad davno, priča se, usred šume, na kraju sveta, živeo je jedan raspop. Pobegao od smrti, nastanio se u kolibi. Ispred kolibe imao je psa i kozu. Noću je slušao sove, zveri, osluškivao kad će smrt da se prikrade. Život je zakopao, kaže se u priči „Pas u slast pojeo domaćina", ispod ognjišta, da ga smrt ne nađe. Pred kolibom bio je pas da je odagna, koza, da umesto njegovog, smrt uzme njen život. Oblačio se u kože zverinja. Danju lovio, noću vatru ložio, čekao smrt, da joj spram ognjišta vidi lice, da joj se u brk nasmeje — život je zakopao ispod ognjišta, do njega ne može, izgoreće.

Jedne noći o Bogojavljenju, prevario ga san, zaspao. Smrt se prikrala, kozi iščupala srce, dala psu da pojede. Sve se desilo u trenu. Pas zacvileo, razjapio čeljusti da arlaukne, opomene raspopa, smrt mu ubacila srce u usta. Pas podvio rep, hrckalo srce pod njegovim zubima, koza meketala, oplakivala svoju smrt.

Smrt prošla pored psa, pored koze, koja je ležala na ledima, trzala nogama, ušla u kolibu, stavila ruku na raspopa. Uzalud — raspop bio mudar — do njegovog života nije mogla od vatre.

U samrtnom ropcu koza meketala, plakanjem probudila raspopa. Kad se raspop prenuo, pas se oblizivao, koza više nije trzala nogama. Sutradan, raspop plakao gorko. Nije uzeo od koze ni mrvicu — pas sve poručkao, oglodao i poslednju koščicu.

Kozje srce se dopalo psu, sanjao ga noću, plazio jezik, oblizivao se. Smrt to primetila. Ubijala košute, zečeve, prikradala se — donosila mu njihova srca. Raspop se čudio — pas kosti ne glođe, ne jede drob, a goji se. Noću ne laje, spava.

Sve ima svoje videlo, meru. Raspop bio mudar, ali mudra i smrt. Pobila zverinje, prestala da donosi srca, poslednje bilo srce divlje mačke. Pas se uzjogunio. Navika. Zubima grizao zemlju, lizao šapu, sedeo na zadnjim nogama, arlaukao, grizao prag, ispod njega šapama kopao, hteo u kolibu, kod raspopa, koji se sklonio pred besom.

Rasla pseća glad, ostrvio se. Pozvao vukove, da zajedno kopaju. Glodao, ispod praga kopao. Prag izgrizao, naoštrio zube, prokopao ispod praga, ušao u kolibu.

Raspop se prepao, ustuknuo u ugao kolibe. Pas lajao na njega, nije mu dozvolio ni da se pomakne. U kolibu se za njim uvukli vukovi, stali uz ognjište. Vatra jenjavala, gasio se žar, ognjište hladilo. Prikrala se smrt. Pas na nju arlauknuo, ustremio se da je ujede. Izvio se njegov urlik, zatresla se od njega koliba, zacvilela s krova divlja mačka. Ognjište se ohladilo, smrt ščepala raspopov život, srce mu iščupala, bacila psu u čeljusti.

Pas podvio rep, zacvileo, pogostio se. Hrckalo raspopovo srce — ostalo su kidali vukovi, sevali od ljutine očima. Pas olizao krv, koja se iz srca iscedila na pod, podvio rep i povukao se u ugao. Zatreptao je, gledao umilno — u strahu su velike oči.

Lazar je s glavom među rukama piljio u jednu tačku, gradske svetiljke su razgonile noćnu tamu, Tori pod klupom, kao da je u ranama, lizao prednje noge, a čuveni pesnik ispisivao je završnu rečenicu dijaloga s ništavilom: „Što je najviše najnižemu, što je najsvetlije najtamnijemu, to je tvoj Središnji trenutak prema Obližnjem trenutku — moj Bože."

17

Pauk pije mrtvacu oči, pogan, otrovan, nečist: ubiti, zgnječiti, govorili su pravoslavci. Pauk čist, svet, zaštitnik vere — štititi, ne uznemiravati, kazivali muslimani. Da je mogla Angelina bi Naili pauka stavila u oko, da joj živoj ispije pohotu. Zapatila bi joj u oku muve. Kurd Mujezin je maštao da odbegne s Nailom na Pazarište, skloni se u Orlovu pećinu, očita iz kurana, umoli pauka da isplete mrežu na ulazu, da, kad goniči dođu, poveruju da u pećini nema nikog. Jeo bi list i koren, samo da bude pored nje.

Mujezin je svoje maštarije krio i od samoga sebe. Slavio je pauka, uhvaćen u požudi pokušavao je da se iz strasne pohotne mreže izbavi avdesom. Bezuspešno. Angelina je želje i primisli izgovarala glasno. Sedeći na krevetu, u spavaćici, bosa, morila je Nailu hiljadama smrti, stavljala je na bezbrojne muke. Nije znala da Naila njenog muža jedva da i primećuje, da u njene snove dolaze kolevke, ružičaste, lebde. Razmakne se baldahin, pomoli se kolevka, uzdigne se, doplovi do iznad njenog kreveta. Kakav Vraneš? Kakav Grajko? Trice! Svake noći on joj dolazi u san. Peva da se propio Dujkin Petar, zemlje gospodar, da je popio silno blago, sve za jedan dan. Lep, rumen kao ruža, stasit. Kakav Mujezin? U sobu svake noći ulazi Nuradin. Prozor otvoren, zašušte jove, Jošanica zažubori, zaodene se pramen magle, klizi nad vodom, vrluda između jova, jasika i žbunja, uzdigne se, na prozoru uskovitla, kao roj pčela, padne nasred sobe. To nije oblak, to je on. „Snaho moja, snaha si mi", kaže. Priđe joj. Podiže je na ruke, nosi ka postelji — golu, meku, belu, toplu. Kakav Mujezin? Ona živi za noć, grli jorgan.

Uzalud se Vraneš poveravao pticama nebeskim, žutoj lisici, ribi iz Jošanice, golubu, Toriju, kozi, koju je u bašti, usred varoši, držala Vasvija. Uzalud u „Granati" pevao „Oj golube, moj golube", ispijao i tugovao. Ptice nebeske nisu graktale o njegovoj čežnji, žuta lisica brinula se o lisičićima, riba iz Jošanice bila je nema, golub glup, Tori tugovao što su ga oterali od drage ružičastog oka, lepe kao san, koza sanjala o divojarcu — njegova pesma nije se daleko čula, odbijala se o niski čađavi svod „Granate", gušila u duvanskom dimu.

Vraćajući se Prvomajskom u ponoć, pevao je o momčetu koje tambura u tamburu, o tankim žicama, kosi devojačkoj, o hajki sa čardaka, njenoj čežnji; pevao je kako jednog jutra, dok sitna kiša pada, njega odvode agenti; o ćeliji, a Nailin lik lebdeo mu je pred očima. Prolazio je pored svojih vrata, stizao na jaliju, pred kuću u kojoj do pred zoru gori prigušeno svetlo. Osluškivao, zurio.

Tek poneki zvuk dolazio je iz kuće: zveket šoljica za kafu, posuđa i šum česme. Jošanica šapuće, šuška i romori, u daljini zalaje kuče, zamjauče mačka, protutnji automobil — sve utihne.

„Vraneš je dobar — duša", romori voda. „On je srce", kaže. „Ona mora saznati sve o njemu."

U njegovoj duši milina.

„Vraneš je splačina, ološ i smradež!" čuje s topole. Trgne se. Mesečina je. Trlja oči. Nije varka. Udno topole gleda sebe, zaseo, pružio noge. Nema sumnje, na nozi njegova cipela, njegove pantalone i džemper, rumeni se kao rumena jabuka, osmehuje i maše. „Vraneš je magarac!" kaže s topole.

Na jasici brunda: „Budi malo tolerantniji! Šta ćeš da kažeš za mene kad to tvrdiš za sebe?" razbaškario se Hasan kao u tekiji.

„Pozdravila te Mejra", dobacuje s vrbe Harun.

„I tebe Hajrija!" uzvraća Hasan. Skače s jasike u vodu. Nije pljusnulo. Ništa, kao da nije skočio, kao da vodu nije ni dodirnuo, kao da ga je zadržao nevidljivi konac, poput lutke u lutkarskom pozorištu. Korača, ali njegovi članci ne uranjaju u vodu — klizi, lebdi.

U šipražju dahće Naila. „Mili moj, dragi, dušo! Tako!" kaže. „Još, još! Tako!" ponavlja.

„Šta je, ti bi sa tom svojom splačinom među njene noge?" pita Vraneš s topole. „Ljubomoran si, a?" dodaje.

„Šta je to sa mnom?" pita se Vraneš. Uštine se za zglob. „Uobražavam!" zaključi.

Njegova duša, cvetni je vrt, rajska livada. Majka rodila, majka gajila, majka se radovala da njoj — rajskoj košuti, preda sebe. Razastro bi se pred nju kao tepih, prostro svom dušom i telom — da brsti mirisno granje, pase sočnu travu i pije srebrnu vodu.

„Vraneš Slavko prljavko!" dobacuje Harun s topole. „Ona voli Nesuha", dodaje.

Pita se gde su mu prošle godine, u šta. Harun je ljigav, lažljiv i neiskren, mrzi ga.

Hasan korača preko vode, kao preko livade. Izlazi na obalu, prođe pored Vraneša, ni da pogleda prema Nailinoj kući.

„Pozdravila te Mejra", ponavlja Harun Hasanu, koji ide uz sokače i nestaje u senci zidova.

Jošanica romori, šapuće, klizi s kamena na kamen, umiva se. Od Karahodžićke ćuprije vrišti Mejra. Iznad Vraneša stenje suva grana. „Ja nemam roda", kaže. Ozeleneće, zaodenuti se carskom lepotom čim na nju neko zasedne. Ko?

Kad se svetlo u Nailinoj kući ugasi, kad svo utihne, trzao se, kao iz mučnog sna, poluistrežnjen šunjao sokačetom uz avlijske zidove, zidane nepečenom ciglom, pokrivene ćeramidom; stizao kući, mrzovoljan, unosio rakijski zadah, čežnju za Nailom. Svlačio je kaput, bacao ga na pod, sedao na krevet, svlačio pantalone, svaljivao se. Spavao je nemirno, disao brzo i neujednačeno. Krajičkom svesti, pre nego što sasvim utone u san, donosio je odluku da će ujutro pravo kod nje.

Izjutra, mamuran, budio se s glavoboljom, gledao je da šmugne od žene, da je mimoiđe, izbegne objašnjenja i prepirku. Bežao je od žene, od pomisli na Nailu, od namere da ode kod nje. Hladnih jutara, uvlačio bi glavu u kaput, vrat u ramena, pognut, drhteći, grabio je na posao, gde će, kako dan bude odmicao, rasti i njegova čežnja za Nailom.

18

Povučen u sebe, zaključan, Lazar Crnobrad nije nikog proglasio za divljeg magarca; nije se narugao onima koji ustaju rano, odlaze da žanju tuđe njive i kopaju tuđe vinograde, kako se pripoveda u Svetoj knjizi. Nije ga interesovalo kud bludnik zvera, bio je ravnodušan prema strahu od zore čoveka-crva i sina njegovog moljca. Nije poput vuka umeo da arlaukne, da se popne na brdo, izviče do mile volje; olakša sebi, sluša odjek svoga glasa, ispljuje nebo i zvezdu, crva i moljca-čoveka, slatku hranu crvima. Odbacio je saznanje da crv čoveka, pticu, mršu, ne jede zimi, da ga u zimskim grobovima nema; da zimskom mrtvacu pauk ne pije oko.

Svoje telo je zaboravio, povukao se u svoj duševni grob. Ćutao je i gutao. Prikrivao reči i osećanja, odbacio požudu, pohotu i strast. Pio je da zaboravi, a zaboravljao da pije. Bilo mu je strano: bič konju, uzda magarcu, a batina bezumnicima.

Onome što vidi nije verovao, a verovao je da ništa ne vidi. Tori nije bio pas s belim prstenom oko oka. Nije primećivao kako pod klupom drhti. Ponosni petao, strah i trepet kokošijeg roda, nije bio razmetljivac, lažljivac.

Lazar je Torija posmatrao mimo njegovog crnog krzna i belog prstena, nije obraćao pažnju na petlovo šepurenje. Biljke u bašti, mačke koje goni Tori, kuća, ne postoje kad ih ne gleda. To što hoda, jede i pije, i to ne postoji, i to je san, laž i privid. Šta čovek voli u ženi, šta žena u čoveku? Dete, babu, dedu, crva? Hrani se da hrani. Hrani da bude hrana.

Reku, mesec, zvezdu, nebo, drvo, mačku, psa, petla, moljca, crva, leptira, pticu, kravu, konja, tele, vola, ovcu, lisicu, vuka, ribu — ono gore, ovo ovde, ono dole neko je izmislio da ga kuša. Ko?

Petla ima teta Zoja. Stoji u prozoru, širi krila, udara i kukuriče.

Bolesnik leži na leđima, oči mu povezane crnom maramom. Teta Zoja odseče krajičak hleba, uzme tepsiju hladne vode, stavi iznad glave. Istopi olovo. Stavi ruku bolesniku na čelo, prospe olovo u vodu, govoreći:

O, sveti ratnici,
nebeski gromovnici!
Gromom stravu pogodite
i munjom je ispržite.

Bolesnik odveže povezu, dâ petlu od hleba, gleda salivenu zmiju, guštera, odgoneta od čega mu došla strava. Olovo stavi u hleb i baci na raskršće. Kad teta Zoja umre — zaveštala je — tog petla sa njom živa da sahrane, da joj u grobu peva, udara krilima, kukuriče, najavljuje poreznike i narodnu vlast.

Koga kuša petao kad u nedoba kukuriče? Koga pile što oko kuće obleće, noću peva prodorno, resko i jezivo? Čemu se raduje glupa riba? Ko u burad, istesanu iz hrasta, toči mesečinu?

Oko? Postoji li oko? Izvadiš ga — boli? Bol prođe. Može se i bez njega. Nije ni postojalo. Ovo ovde je možda ono gore, ono gore je možda ono dole, dole je možda gore, gore ono dole? On je i ovde, i onde, i gore, i dole, i tamo, i ovamo — tu, gde je njegovo oko. Njegovo oko je tu. Misli na oko, postoji. Misao bledi, nema ga. Nema ni oka, ni mačke, ni psa, nema ni Lazara. Postoji samo misao na oko, na mačku, psa, na Lazara. Oko je lažno, pas je lažan, lažan je Lazar.

Lažni su i prividni glasovi što se izvijaju iz Mezirovog dvorišta, pesma, zvuk saza, odjek darbuke. Već sutra neće biti ni pesme, ni saza, ni darbuke, ni glasova. Nema ni prošlosti, ni sadašnjosti, ni budućnosti. Ovo što je sada — bilo je, ono što je bilo — sada je, ono što će biti — sada je.

Na Preobraženje se preobrate gora i voda, riba u reci, drvo u šumi i travka u polju. Po Preobraženju, vuk, medved i lisica počnu da svlače letnja krzna. Seno pokošeno, žito pokupljeno, grožđe zri, godina daruje plodove, drveće stresa lišće, počnu hladni vetrovi. Od Preobraženja nema više kupanja u reci. Noći su hladne, čoveka hvata tuga.

U danu Preobraženja gospodnjeg Angelina se vraćala iz manastira Crna reka. Išla je da se pomoli svetom Petru Koriškom, velikoj svetinji, da se provuče ispod ćivota, odagna zlo iz kuće i urazumi Vraneša, da ga preobrazi. Primorao je događaj s tabutom. Pukla bruka. Za Nailom luduje, opija se, kući ne dolazi, na sahranu nosi žive ljude.

Niz Crnu reku pratila su je manastirska zvona, pozivala na večernju. Nadjačala huk reke, koja skače s kamena na kamen, pada s litica u virove, peni, tutnji, zavija kao gorski vuk, skuplja ponorne vode, nosi snežnicu, vodu ledenu i čistu, ceđenu kroz krečnjak, umivenu gorskim vazduhom.

Zvala se nekad Bela reka, proticala kroz Sokolovo gnezdo, planinsko selo u kojem je živela udovica sa sinom jedincem. Tada su njene vode veselo žuborile, šaputale, nisu bile surove, nisu hučale. Jedne godine udovica, čiji je muž stradao u strašnom boju, zaboravi da prinese žrtvu u stoci i žitu; zaboravi da nad Belom rekom zakolje petla, da ga, dok obezglavljen lupa krilima, drži nad vodom — da se njegova krv ulije u maticu, da napoji reku. Njen brzak nije zasejala pšenicom, da njene vodenice melju u izobilju; nije joj prinela jagnje, da se njena stada utrostruče, da njene valjaonice valjaju čoju u izobilju; nije je napojila medovinom, da se njene pčele hiljade.

Reci to ne bude pravo. Rasrdi se, izlije i zatraži ono što joj pripada — žrtvu. Bude strašni povodanj. Prvo je počelo da tutnji, huči i stenje, a zatim je naišla mrka bujica. Nosila je svinjce, delove torova; valjala udavljene ovce, živinu; razorila ambare, plevare; potopila udovičinu kuću — udavila njenog sina jedinca; zadovoljna, ostavši pustoš i jad, povukla se u korito i ulila u kanjon ispod sela, kojim vekovima teče.

„Ej, Bela reko, crna bila!" rekla je udovica kad su joj doneli udavljenog sina. Otada tu reku zovu Crnom.

Što je više odmicala, zvona su bivala sve tužnija, kao da su oplakivala dan koji trne. Treperila su iza brda, javljala se s proplanka, s krečnjačkog grebena i iz omara; jecala su, ispunjavala dušu, izvirala iz kamena, iz jele i bukve, silazila iz nebeskih plaveti i uznosila. Nešto nevidljivo ispunjavalo je milinom, slavilo od sunca svetliji spomen Petra Koriškog, pustinjaka i isposnika iz Koriše na Šari, čije su mošti pre četiri veka donete u pećinski manastir.

Čudotvorcu i prepodobnom ocu obraćali su se bolesni, uzeti dušom i telom, gubavci i epileptičari, što se grče i umokre kad padnu, a pena im izbije na usta. Ispod njegovog ćivota provlačile su se nerotkinje, provodile noći u molitvama i suzama. Dolazili su pravoslavci, ali i muslimani, slavili Petrov krš i molili se. Mnogima je učvrstio veru i vratio nadu, otvorio oči i umio dušu, samo je Vraneš nastavio po starom. Uzalud se Angelina molila pobedniku besova, pustinjaku i prepodobnom ocu, koji se podvizao uz post; vetrom šiban i suncem paljen, jedući koren i travu, izložen noćnom mrazu i dnevnoj žezi. Nije pomoglo. U Vranešu su ostali besovi.

Otišla je kod Kurda Mujezina, da joj piše, dâ zapis od opijanja, od preljube, od Naile.

„Bila sam u Crnoj reci, uzalud — i dalje luduje", rekla je Mujezinu, koji je, pustivši mašti na volju, od pčela, bumbara, muva, cvrčaka odbegao u pećinu da, zaštićen paukovom mrežom, ne sluša zujanje, zundoranje, brujanje i cvrčanje.

Kad mu je pomenula Nailu, kao da mu je pčela sletela na lice, kao da je pri ujedu čuo *zuc*, kratko prodorno i oštro. Nestalo je njegovog zaštitnika. Pokidala se paukova mreža. Pčele su zazujale i zabrujale, bumbari zundorali, a muve zujale. „Sačuvaj me bože ženskog i šejtanskog šera!" setio se reči imama iz mejtefa. „Šer ne miruje!" promrmljao je, upitao Angelinu za muževljevo i ime njegove majke, ispisao tablicu arapskim slovima i brojevima, sabirao i delio — sve do broja jedan. U *Zvezdanoj knjizi* pronašao je zvezdu jedan, pod kojom se rodio Vraneš.

„Usred otrova svoje prirode", pisalo je, „vitla žaokom oplodavajućeg uništenja. Njegove mračne aktivnosti, osnovna svojstva, ukazuju na duboko nezadovoljstvo, zebnju i melanholiju. Dovodi u pitanje i svet i sebe. Rođen pod zvezdom kidanja, erotizma i samomučenja. Pati od zebnje, prezire sebe, muče ga opsesije, ništavilo, seks i smrt."

U ime boga blagoga, milosrdnoga i svemoćnoga, Mujezin je na parčetu papira, arapskim pismom, zapisao hamajliju; zavio je u uvošteno platno, rekao joj da Vranešu krišom to ušije u kaput; dao joj četiri nuske i naučio da jednom bolesnika kadi, drugu da stavi u vodu, daje mu da pije od te vode. Svaku nusku, svako parče papira sa zapisom, Mujezin, koji se boji ženskog i šejtanskog šera, namenio je svojoj svrsi — samo za sebe nije imao zapis, samo iz svojih snova, iz svoje požude, Nailu nije mogao da izbaci. Prizivao je pauka da ga mrežom zaštiti, a nije primećivao da je uhvaćen u tu istu mrežu.

Uzalud ga je imam opominjao da ne kasni na molitvu. Taman uzme avdes, taman krene — javi se Naila. Mora opet na avdes, na očišćenje. Ali, ona se opet javlja. Uzalud umiva lice, ruke i ispira usta. Uzalud je i Angelina tražila zapis. Nailin lik, kroz dim, lebdi pred Vraneševim očima.

20

Sunet je.

Pevaju Iljaz, Harun, Salko, Vraneš. „Oj golube, moj golube, ne padaj mi na maline", odleže pesma. Svi su tu, samo nema Hasana. Nije mu do suneta. Njega je osunetila luda Mejra. Kako će, da mu pred očima Vraneš mrdne kažiprstom?

Lazar je još u bašti. Tori leži pod klupom.

Veselje je, nije šala. Tu je rodbina, tu je komšiluk, društvo. Belog ovna dvogoca doneo Major, luda; proneo ga s pijace, na leđima.

Bahtijar osunećen, leži. Na sredini gde mu je muškost najlonom za ribe pričvršćen jorgan, najlon vezan za tavanicu, jorgan izdignut, okačen da ne vređa. Ovan zaklan, loj kipti. Toči se šerbet, ima rakije.

Krvav dan za Bahtijara, strašan; srećan za Mezira. Neće da mu sinu, ne daj bože, sutra kad umre, a svi su smrtni, hodža neobrezanom, pri kupanju, lomi mali prst desne ruke i vezuje ga svilenim crvenim koncem. Neće da mu jednooki psoglav, zuba oštrih kao žilet, nogu kao u konja, tela kao u čoveka, kad izađe iz jazbine, u kojoj sunce ne svetli i dan ne sviće, raskopa grob i poždere telo.

Mezir je kafedžija, oženio se kasno — Hajrijom, siroticom iz Žirča. Pomagala mu je u kafečajnici, prala stolnjake, ribala podove, kuvala kafu, čaj, spravljala kleku — piće od klekinja, limunadu. Crno devojče, vetrom išibano, suncem oprljeno, lako je naviklo na bolje. Zaokruglilo se, dobilo u bedrima, isprsilo grudi, izbelilo lice. Mezir, starinom Turčin, doveo je siroticu da mu pomaže u poslu, a dobio ženu. Sklonio je iz kafečajnice — da ne ode na oči, doveo je u kuću.

Hajrija se u Žirč vratila kao Mezirovica, dolinom Sebečevske i Smolućke reke, putem koji je kroz litice usekao sveti Sava, vozeći se u širokim kolima, putem kojim jedva da je mogao da prođe natovaren konj. Otišla je kao sirotica, a došla kao spahinica, jer je u Žirču nekada davno Mezir imao imanja.

Idući uz Sebečevsku reku, pred očima joj bleštalo, zapljuskivali je zeleni predeli, proplanci, mahale joj leske, pozdravljali je hrastovi.

Prošla je pored rudnika, topionica, groblja u kojem su sahranjeni Jovan Radivojev, Ivan Zvonkov, Pavle Jovanov, Vuk Vujice, Jovan Vukov, popovi Šimun, Jovan i Mijo... rudari, trgovci, Dubrovčani i meštani, Sasi i Srbi. Prošla pored jedinog muškog groblja na svetu, došla do turskog groblja u koje je sahranjen gluhovački kadija. Za tihog vremena još uvek se čuje škripa njegovih zuba — ljut na Dubrovčane. Odbili da svraćaju k njemu u Gluhovicu i plaćaju carinu, odgovorili: „Careva zemlja je duga i široka i mnogo puteva ima. Po njima trgovci idu i trguju kako se kome svidi. Mnogo je teško trgovcima da svi jednim putem idu..."

Na kraju puta, koji je usekao svetitelj, na kojem se i dan-danas poznaju tragovi konjskih kopita i useci od kolskih točkova, bivši kmetovi, veseleći se, zaigrali su. Po drugi put otkako je sveta u Žirču se igralo; prvi, kad je probijen put; drugi, kad je u povratke stigla Mezirovica. U kolo su se uhvatili, činilo se Hajriji, zečevi, lisice, vuci, psi, gorske ptice, njena rodbina i komšiluk. Radovalo se staro i mlado, travke u polju, žito u njivi, dugorepa svraka, što repom klati na plotu, ptica koja u proleće peva „Sij luk, sij luk!" Preci u mezarima blagosiljali su, ljubeći krstove s kojima su nekada davno, tajno, sahranjivani. Na grobu nišan, u grobu krst.

Bila je to prva godina njihovog braka.

Mezir nije saznao da je Hajrija u Žirču, na tavanu kuće pokrivene šindrom, celivala ikonu svetog Nikole, svetskog putnika, zaštitnika brodara, moreplovca, svetinju i vozara duša — svoju nekadašnju slavu. Nije znao da je očistila kandilo, da joj ono — dok služi šerbet, baklavu, secka salatu, donosi meso — osvetljava duševnu noć.

„Moj je bog, Crnobog; moj se bol leči njom..." peva Vraneš. Izvija glasom. Trudi se da nadjača saz. Salko s obe ruke drži čašu, gleda u prazno. Harun peva u pola glasa, kasni za Vranešom, koji se trudi da nadjača i sebe, kao da hoće svima da stavi do znanja kako je njegov bol najveći. Ne primećuje da Harun s Hajrije oka ne skida. Kako i bi, obuzet je sobom, svojom čežnjom. Harun to čini vešto, krije. Nije šala — Turčin je to, primetiće. Krvnik u kući, zna se šta biva. Diže čašu, ispija. „Da mi je da umre — star je!" pomisli. Nije znao da je to Turčinu želeo još neko. Neko od koga bi se to malo očekivalo.

21

Tori se izvukao ispod klupe i zacvileo — dugo, prodorno i žalosno. Pas od koga su mačke netragom nestajale, koji se, kad spazi mačku, pretvara u zver, škljoca zubima i grebe šapama, zaplakao je, poput malog deteta, žalosno, otegnuto i beznadežno. Zavijao dugo, dugo. Lazaru je to odranije poznato.

Zima, sneg celac, dubok, površina čvrsta, mraz uvrće nos i uši. Jerina povremeno obigra oko Netvrđa, nagrne sneg, stvara namete; jarac mekeće, odnosi je, fijuče. Udno sela, u nedoba, peva petao. Uvrh, psi vijaju, predskazuju rat, glad i nevolju.

Iz buča, iza stričeve kuće, cvili pas, prodorno i resko zavija — baš kao Tori. Utiša se. Muk. Fijuče vetar. Tišina. Psi ne vijaju. Petao ne peva. Ne javlja se zvono iz tora, s predvodnika. Uz selo džip. Stenje, kašljuca, pod naporom zavija, ujednačeno grebe. Zaustavlja se kod buča, pred stričevom kućom. Motor bruji. Više ne zavija, ne kašljuca.

Lazar ustaje, prilazi prozoru. Ne oseća hladnoću. Bos, uz prozor, pretvara se u oko i uvo.

„Kuća Sredoja Crnobrada?" čuje.

Mesečina. Kao na dlanu gleda džip, farovima osvetlio stričevu kuću, dve siluete na vratnicama i drvo pred kućom.

„Da!" čuje strica. Ne vidi ga, na ulazu je u kuću, pod lipom; pod nju ne dopiru farovi, zaklonila ulaz.

„Sredoje?"

„Ja!"

„Spremi se, ideš s nama!"

„Zašto, ko ste vi?" pita stric, izlazi ispod lipe, belasa se na mesečini, u gaćama.

„Ti kao ne znaš?" čuje. Glas se gubi u vetru, zalaju psi, vijaju uokolo.

Jerina na jarcu obigrava oko sela. Iz buča tužno i otegnuto zavija pas. Lazar ne čuje škripu snega, dok stric, ispred one dvojice prilazi džipu — gleda, gleda kako ulazi. Džip se pokreće. Farovi paraju nebo, igraju niz put, pale ograde, klize snegom i nestaju na zavijutku.

Prošlo je mesojeđe, prošlo drugo. Jerina odjahala snežnog, a pojahala vatrenog jarca. Od strica ni glasa. Oko strine obleće Ćurčija Nikodinović, udbaš i ološ. Otac mu lopov, brat lopov. Govori da je stric poslan na prevaspitavanje, na društveno koristan rad. Pojavljuje se na motoru, u džipu. Njuška okolo. Bruka.

Pooralo se, zasejalo, okopalo, posadilo, zalilo i pokosilo — darovala godina letinu. Sredoje se pojavio. Učesnik prvog mitinga po oslobođenju, nosilac slike u čijem je dnu bilo napisano Marks, da narod zbog brade ne pomisli da je četnik, nije progovorio ni reči: ni gde je bio, ni s kim, ni šta je radio. Oko njega muk, led i neprobojan zid. On crn, suv, mršav. Ruke mu izdužene, došle do ispod kolena.

„Šta mu je s rukama?" pitala se baba Jela.

Uzalud. Ćuti. Ne pominje toplog zeca, burad sa sitno tucanim staklom i slanu vodu.

„Rad oslobađa čoveka!" rekao je Ćurčiji. „Znao sam", pričao je parohu Gligoriju na slavi, kad je došao da seče kolač, kod Obrada, njegovog oca. „Partija ne greši. Ako sam kriv, drugovi će me pravedno kazniti, ako sam prav — pustiće me. Veliki sin naših naroda sve vidi, sve zna, on je naše oko i naše uho, naša glava. Pušten sam, vidiš!"

Pili su u dobri čas, u slavu božju i božjih ugodnika, koji na dom Crnobradovih gledaju iz oblaka, skupljeni oko božjeg prestola, iz dvora nebeskog; pili da mu bog dâ zdravlja i veselja. Nazdravljali su letini, voćki, pčeli, ovci, ukućanima, domaćima i gostima, svima sem Sredoju. Paroh Gligorije je, ustavši kod zdravice za trpezu, pretpostavljao da bi Sredoje rekao: „Zašto meni, slavi moj otac!"

„Od njega je dosta što je uopšte i sedeo za trpezom", zaključio je paroh i krenuo.

Noć je već uveliko bila osvojila. Te jovanjdanske noći psi nisu zavijali. Među bukvama i divljim kruškama dremao je Torijev čukundeda. Tori još uvek nije bio rođen, njegov predak nije zavijao otegnuto, beznadežno i tužno. Davno je oplakao Sredoja.

Lazaru je Torijevo zavijanje poznato.

22

Bolje bi joj bilo na steni, u studeni i nemaštini s voljenim, nego u svili i kadifi kod Mezira — shvatila je Hajrija, ali kasno, kad je Bahtijar izašao iz pelena i poodrastao, kad je prestala da se, kao lastavica oko gnezda, svija oko jedinca.

Zapažala je Mezirove staračke ruke — smežurane, protkane plavičastim žilicama, njegov naborani vrat. Sve ima svoj vakat, početak i kraj. Taj vrat koji je ljubila, noćima milovala, izrovale su godine, iscrtale životne tegobe. Da je opet otišla u Žirč, pobegla bi u Slolućku pećinu. Za njom bi plakala svraka, ptica nebeska, zver poljska i gorska, travka i liska; tugovali bi oni što su se nekad radovali s njom. Življka zna, priroda traži svoje. U Mezira mlohavo telo, smežurana koža, staračka ruka. Hajrija zaobljena, stasita, belog lica, krupnih očiju, na usnama trešnje, u ustima biser, kad ide — kipti. I Naila, u prolazu, ispod oka, sevne na nju pogledom.

Sunet je, veselje veliko. Radost rodbini, komšijama, radost Meziru, strah Bahtijaru, tuga Harunu, tuga Hajriji.

Ona ne primećuje Haruna, njegovo oko crveno od pića, izbezumljeno, izvan sebe je od čežnje, od tuge što nije sunet njegovom sinu. Harun i Hajrija idu jedno uz drugo. Meziru treba mezar. Hajrija pogléda prema kapidžiku — zatvoren je, nem. Harunu glava pada na sto. Ne primećuje njene poglede.

Vraneš peva. Njegova tuga para nebo. „Oj devojko dušo moja, čim mirišu nedra tvoja?" izvija glasom. Pridružuje mu se Unjkavi. Pominju smilje i bosilje, dunju i narandžu, dušu devojačku. Pesma peče. Osvaja. Grudi ispunjava tugom, čežnjom i tihim nezadovoljstvom. Hajrija okreće glavu, udaljuje se od stola, šmugne u kuću. To primećuje samo udbaš Ćurčija. On sve vidi, sve zna. Zvao ga Mezir, reda radi, da mu ne pravi probleme u radnji: porez i tako to; on prihvatio — došao, gleda prema kućnim vratima, smeška se.

„Rogat ovan", kaže kad pronesu ovnujsku kožu, krvavu s rogovima. „Rogat, rogat!" ironično ponavlja.

Kapidžik kao tamnička vrata, zakovan, okamenjen, ni mačke da o njega zagrebe, ni šuma iz Brnovčeve bašte. Tetka Staka legne još sa kokoškama. A šta drugo da radi? Koga da čeka? Dunja uz kapidžik ne trepti liskama, ružičnjak izgubio miris, ni pčela da sleti na laticu. Unjkavi, prozukli i pijani glasovi: nadglasili, nadvisili, zaogrnuli i izvili se. Nema Brnovca da otvori kapidžik. Lazar ne diže glavu da vidi Hajriju kad šmugne u dubinu bašte, ka letnjoj kući, Brnovac u stopu za njom.

Juni, mesec lipa. Juni, mesec studentskih nemira, revolucije, pravde, jednakosti i slobode — govorio je Brnovac Hajriji, pominjao socijalno-revolucionarni karakter Pokreta. Isticao: kao što je nemoguće pšenicu uzgajati na kamenu, kuću podići na pesku, tako je nemoguć mir između obespravljenih radnika, do prosjačkog štapa dovedenih intelektualaca i crvene buržoazije. Izdana revolucija — naglašavao je.

„Slušaj, bratac", rekao mu je Ćurčija na saslušanju. „Ta tvoja revolucija je sranje. To vaše delovanje u narodu, kružoci, propagandna i organizaciona pitanja. Iš! Svaka revolucija, bratac, počinje i završava se tucanjem! Daću ti ja Nečajeva, Tkačova, kad te, bratac, protkam — milina! Kako ćeš tada da cvrkućeš o revolucionaru kao o otpisanom čoveku, koji nema ni svoje interese, ni poslove, ni osećanja, ni sklonost, ni imovinu, ni ime. Lažeš, bratac, lažeš! Hajrija, a?"

Tako je Brnovac saznao da se za njegovu vezu zna. Ko ih je video, kad i kome prijavio, nije znao.

On, koji je odbacio tradiciju, moral i običaje; prozreo građanski način života i rušenje uzdigao do svetinje, prekršio je revolucionarni kodeks. Okrutan prema sebi i drugima, kao revolucionar, trebalo je da odbaci ljubav, nežna osećanja i prijateljstvo, da pljune u porodicu i ubije osećanja, zgazi sve što se ispreči potpunom oslobođenju, sreći i slobodi naroda.

Žena, kome je ona dobro donela? Podmukla i prepredena, prima te u zagrljaj, svoju tamnicu, da nestaneš bez traga; razvodnjava tvoju akciju, razblažuje krv — omlitaviš i izgubiš životnu radost. Ima ih površnih, bogatih, bezosećajnih i uticajnih, takve hvatati u mreže, praviti od njih poslušnice, ucenjivati — da obavljaju prljave poslove; ima pametnih, razboritih, brza uma, njih valja upregnuti u revolucionarni jaram. Ima ih koje prihvataju revoluciju, koje su njen biser — takve čuvati.

Hajrija nije pripadala ni jednoj od ove tri kategorije. Nije se razumevala u spiskove ljudi koje treba likvidirati, koji štete revolucionarnoj organizaciji. Bežala je iz bračne postelje, od mlohavog i smežuranog supružnika, da se telom privije i dušu preda Brnovcu; da ga obuhvati i nestane u njemu, da gori ljubavnim plamenom.

Hajrija izlazi iz kuće, umivena, ide od gosta do gosta. Sklanja pepeljare, prinosi hranu i menja tanjire. Do nje više ne dopire tuga devojačka, ne oseća miris tuge. Zna — više se nikada neće otvoriti kapidžik. Iz kazamata, tajnim kanalima, osuđenici na smrt preneli su joj vest da je Brnovac ubijen na granici i tajno sahranjen na kazamatskom groblju. Uprava je zvanično tvrdila da je „osuđenik broj jedan", navodno, „osuđen zbog krađe i podvođenja na pet godina — pobegao u Francusku". Na smrt osuđeni su znali njegovu tajnu. Po pesniku, božjaku i mučeniku, kad je ovaj izašao na slobodu, poslali su Hajriji „Tužbalicu" — bio je to Brnovčev poslednji pozdrav voljenoj:

Braćo, kad odete opet na slobodu,
pozdravite sunce, i nebo i vodu!
Recite korenju cvetova i trave,
neka mi se kradom ispod zemlje jave.

*Da osetim makar kroz vrhove klica,
život iznad rodnih brda i ravnica.
Da udahnem miris polja i voćnjaka,
daleko je od njih moja crna raka.*

Kad joj je teško, kad se oseti jadnom i nemoćnom, kad još čežnja obuzme grudi — poseže za rukopisom; zaključana u sobi, zaliva ga suzama. Jedna jasika, iznikla pored neobeleženog groba na kazamatskom groblju, treperi. U tim trenucima, kao da lišćem šalje pozdrav člana tajne revolucionarne organizacije „Jugoslavija". Treperenjem govori da u životu revolucionara jedino uživanje, zadovoljstvo i nagrada, nije uspeh revolucije.

23

Padne semenka na zemlju, isklija. Iz klice izraste stabaoce, Drvo moćno — gorski car. Razgrana se, raskrupnja. Dođe čovek, saseče gorskog diva u korenu, isteše železničke pragove. Prolaze vozovi, prevoze putnike, na radost, na žalost — vesele i tužne, uboge i bogate, filozofe i budale, pesnike i beskućnike, popove i komuniste. Vozovi prolaze, vetrovi šibaju, kiše zalivaju, snegovi zavejavaju, led okiva, prag truli. Od praga trulež. U svakoj klici trulež.

Kao stabaocu i Torijevom čukundedi, s vremenom su prestale životne moći. Vreme učinilo svoje: ostario, na čelu i njušci mu osedele dlake, zubi otupeli, ispadaju; ne laje, oslepeo, došlo vreme da menja svet.

Radovao se nekad kuji, gledao je umilno, pratio ukorak, mrzeo druge pse, gonio ih, primoravao da ih prate na odstojanju — kučke ga grizle. Izrodio veliki porod, poslao u svet sinove, kćeri, unuke, praunuke i njihovih unuka unuke. Neki se snašli, nastanili u bogatim kućama; drugi lutaju proplancima, dolinama i lugovima, niz drumove; treće odnele vode.

Zavijao je na mesec, izbezumljivao se kad se pojavi poreznik, Ćurčija — narodna vlast, aktivisti zaduženi za otkup. Kad su Jeremiću čupali brkove, zavijao je sa njim od bola.

Imanje Jeremića plodno, pod vodom. Zemja crna, rastresita; što ne posejеš to i ne nikne. Glava kuće — Jordan, učesnik balkanskih, prvog rata, u drugom pogorelac, bežanac: sa sinovima, snahama, unucima, šerpama, loncima i poklopcima; glavu spasao u Batočini.

Pobedio narod, završio se rat. Rekli mu: „Nema moje, tvoje — sve je narodno!"

„Evo ti ga na!" pokazao Jordan drugovima iz Mesnog odbora lakat. „Moja žena je moja, nije narodna!"

Baksuz — zaključili drugovi. Moraće sa njim da se radi. Doći će pameti...

Gorko se prevarili.

„Neko u kolektiv, golo prkno, neko imovinu, a, ne!" rekao Jordan.

Deda pogan, sve suprotno, neće u kolektiv. Iz njegove kuće niko ne uzvikuje: „Radi se, radi — socijalizam se gradi!" Pukla bi mu močuga po grbači. Ne da za otkup. Reakcionar. Takve utući, obračunati se energično. Kulak. Reakcija, zarazno seme, kukolj. Istrebiti, ne birati sredstva.

Kad se menja vreme, pred svako nevreme, Torijevog čukundedu dugo, dugo — sve do smrti — bolele su dlake na njušci. Jordanu čupali brkove, njega bolelo.

„Gde si zakopao žito, majku ti banditsku!" čuje u snu Ćurčiju.

Torijev pradeda bio je dete njegove starosti, poslednja radost. Posle njegovog rođenja više nije osećao ljubavni zov. Stigle ga godine, pritisle. Suva i vruća njuška, mutne oči, najavile su njegovu smrt. Uginuo je istog dana kad je Tori našao dom, od starosti i slabosti.

Mogao je mirno da sklopi oči, jer se njegov potomak izvukao iz nabujale Trnavice i zaputio pored nje, drhteći od hladnoće. Ljudska okrutnost bacila ga je u vodu, da se udavi. Našla ga deca, donela u varoš, a Usud doveo u dom Crnobradovih. Pas koji je izgubio želju za hranom, mogao je mirno da umre. Njegov praunuk sa belim prstenom oko oka došao je u pradedovsku kuću. Otac, deda, majka, baba, on — lutali po selima, zaseocima, od nemila do nedraga, vezani za ciganska kola, ganjani kroz potoke, od prisoja do osoja. Ulaskom u Lazarevo dvorište, sve je to prošlo. Kad se oporavio, odveli su ga u Netvrđe. Sve do Lazareve svađe sa ženom nije silazio u varoš. Zašto bi? Njegovi najdraži sahranjeni su u Obradovom buču, na Pasjem groblju. Tu je pokopan i njegov čukundeda. On je predvideo sve, ali ne i da će potomak odvažnih, hrabrih i jakih, gledati u potiljak svome gazdi i drhtati.

24

Harun podiže glavu, zvera, hvata čašu, zabacuje glavu i ispija naiskap. Nebo je mrka krpa sa svetlucavim prorezima. Prorezi trepere, krpa leluja. On nasred mutvaka. Tu, gde je vetar razmakao, a grȁd polomio ćeramidu, izjutra ili uveče, kad sunce pada ukoso, zraci se tepereći probijaju, obasjavaju tamu, zbog dima sa ognjišta trepere, uvijaju se, lebde, bleskaju — baš kao na nebu zvezde.

Nasred kuće ulaz. Spram ulaza ognjište. Desno od ognjišta hamam, olovna cev kroz zid odvodi prljavu vodu. Levo i desno drveno stepenište; levo vodi u malu, desno u veliku sobu. U velikoj sobi su šiljtad, ćilimi i dolapi sa posteljinom, sanduk s odećom. Nasred sobe mangal, pun žara, peče se kafa, pije šerbet. Iznad šiljtadi prozori, iznad prozora jednodaščana polica, celom dužinom zida. Na polici dunje. Milina.

Ispod stepeništa koje vodi u veliku sobu je ulaz u podrum. Nasred podruma greda, drži pod velike sobe, u uglovima zimnica. Kad je propala bivša Jugoslavija u taj podrum sakrili su zlato Isaka Bahara, trgovca koji je imao ženu Renu, tri sina i kćerke Lunu i Sarinu. Preživeo je samo Moše, svi drugi su pogubljeni. Stradala je i Luna, krivonogi, mršavi, riđokosi devojčurak, s kojim se njegov najstariji brat igrao muža i žene, a njemu — Harunu, tek prohodalom — udarao kokavce, da ih ne ometa dok grade kuću, mese kolače i spremaju ručak.

U tom podrumu krili su Vladimira, Brnovčevog oca, predratnog pandura, da ga sklone od Mladomuslimana, muslimanske milicije i Aćifove zločinačke ruke, koji je kundacima tukao tetka-Staku, njegovu ženu, da potkaže muža. Čulo se kako deca plaču, žena zapomaže. Tako jedanput, tako drugi, treći put nije izdržao — izašao je sâm.

Vladimiru ruke vezane, na leđima. Ne gleda ni levo ni desno, ide pravo, gologlav. Aćif uperio pušku; za njim deca. Vodi ga prema Komandi, skreće ispod bedema, levo, prema Ivkovića elektrani i jazu. Pucanj — rezak, prodoran i bolan. Zaostao za drugom decom, Harun je uspeo poizdalje da vidi kako se Vladimir okrenuo ukrug i lagano utonuo iza ramena i tela posmatrača.

Video je kako je Vladimir predao bogu dušu, a kako su Isak, Rena, Luna, Sarina, Josif i Aron, nikada nije saznao. Oni su stradali, Moše se nije vratio iz zarobljeništva — živeo je neko vreme u Beču, a posle u Izraelu. Zlato je ostalo. Od njega je posle rasformiranja UDB-e izgrađena nova kuća i kupljena piljarnica.

Gleda prema Hajriji. Išao je kod teta-Zoje, vračare, veštice koja leže cikavce, decu plaši šarenkom, svetlih očiju. Naleže crnu kokoš, da snese iznosak. Četrdeset dana drži jaje pod levim pazuhom, niti se umiva niti bogu moli. Iz iznoska se izleže cikavac. Liči na meščić. Doji tuđe krave, ovce i koze, krade sir, kajmak i stavlja u meščić. Vrati se kod Zoje, iz meščića sve ispovraća. Ima Zoja za jelo, ali i da proda. Ima za zimu, ali i preko godine.

Zoja ga naučila da uhvati pauka i zatvori ga u šuplju trščanu cev, cev da zatisne hlebom, legne kad se pojavi mlad mesec i izgovori: „O, ti što pleteš mrežu po celom svetu, upleti noćas Hajriju; u san mi je dovedi!" Savetovala mu da uhvati slepog miša i zakolje ga parom sa likom kralja Petra, da mu provrti desno krilo i kroz njega pogleda u nju — da je zaslepi. Darovala mu travu od omraze, kazala da nađe kakvu ženu, travku da joj stavi u šerbet — da omrzne starca, zaslepi za Harunom i odbegne.

Gleda Hajriju. Peva: „Težak život u nas robijaša, bez lepih žena i bez punih čaša!" Ćurčija se vrpolji, kašljuca. Vraneš strogo gleda u Haruna, muva ga ispod stola.

„Šta je?" upita Harun.

„Ništa!" kaže Vraneš. Postigao cilj. Harun ne peva. Ćurčija se opet ironično smeška.

25

Najgrešniji zemaljski stvor — čovek, da nije bilo psa, umro bi od gladi. Nekada je zemlja bila ravna, nebo nadohvat čovekove ruke; čovek je sa bogom bio na ti, mogao je da ode kod njega, da ga upita za zdravlje, da mu se požali direktno, izbegne nebeske činovnike i da ih, jednostavno, prezre. Perući na reci pelene, jedna žena, Ciganka, dotakne i opogani nebo. Bog se strašno rasrdi, stvori na zemlji bregove i planine, klance i doline — podigne nebo visoko, visoko, ukine ljudima hranu, bude daleko, daleko. Zavlada glad, nesnosna i bolna. Ljudi počnu da jedu zemlju i lišće, travu i koren. Jedan stari pas, već obnevideo, zaplače gorko i žalosno:

„Šta sam ti, bože, uradio", pitao se, „da me ovako kazniš, da me moriš glađu i da u poniženju, muci i tuzi vek svoj okončam?"

Bog se sažali, pošalje tom psu, Torijevom dalekom praroditelju, klip kukuruza. Od tog klipa zapati se kukuruz, hrana čoveku i zecu. Bude kukuruza za čoveka, zečeva za pse. Prežive i grešni čovek i njegov spasilac.

Torijev praroditelj bio je s bogom na ti; čak ga odvažan i hrabar, prekorio, a Tori potkraj dana drhturi pod klupom. To je video i

Lazar, čim je prišao klupi. Skupio se, podvio rep, otvorio širom oči, u njima strah.

Kakva sličnost!

Kolona, širom otvorene oči, strah, raščupane kose. Od kasarne zatočenici se vuku glavnom ulicom.

Procvetala trešnja, višnja, i šljiva obukla venčanu haljinu, bele joj se cvetovi kao sneg. Zamirisalo proleće. Osvanuo Purim, jevrejski blagdan, četrnaesti dan dvanaestog meseca, koga zovu adar.

Dućan Samuela Konfortija zatvoren, zapečaćene i druge jevrejske radnje, uzalud je s majkom silazio — gas nisu kupili.

Purim, uspomena na veliku žalost među Jevrejima; na post, plač i jauke; na dan kad su, prodani, kad je trebalo da budu pobijeni i istrebljeni; kad su očajni, ne videći nikakav spas, ležali u kostreti i pepelu. Ali, tog dana iznenada je došlo spasenje, svetlost, veselje i radost — Judejci su ovenčani carskim vencem. Zapovest carskim namesnicima, vojvodama i knezovima da pobiju i istrebe Judejce, staro i mlado, decu i žene, okrenula se o glavu njihovih neprijatelja. Judejcima se žalost pretvorila u radost, tuga u veselje.

„Izbavila vas jevrejska kurva! Omogućila vam da koljete", govorio je Stevo Fišer, petokolonaš, folksdojčer, bivši električar, dok su pred njega i Aćifa, krvoloka, Mladomuslimani i SS-ovci kundacima dogonili Jevreje. „Podala se caru, da vas spase — kurva!" uzvikivao je.

Izbezumljena lica, stakleni pogledi, raščupane žene, deca, starci i trudnice, strah i očaj. Umesto gozbe i blagog dana — kazamat, gradska tvrđava, straža i čvrsti bedemi.

Arlauču psi, štekću lisice. U noći, strah. Danas Jevreji, sutra oni — šapuću da deca ne čuju. Uzeti najnužnije. Obići varoš i obroncima iznad Netvrđa dohvatiti se slobode. Šapuću. Ništa se ne može sakriti. Deca sve shvataju. Dojučerašnje komšije, naoružane do zuba, mogu svakog časa da banu...

Četvrtog dana, gladne i žedne, podigli su ih s velike jutarnje molitve — jutarnjeg leleka, molbi očevima da ih zaštite. Molili se: Bela, Dona, Justina, Rena, Sara, Rašela, Luna, Bika, Safira, Mazil, Bagira, Roza, Aron, Leon, Samuel, Moše, Jakov, Lenčo, Josif, Isak, Avram, David; molili se Zadik i Jeroham, rabini.

Izveli su ih pred kasarnu i postrojili u kolonu, u tri reda; staro i mlado, zdravo i bolesno, muško i žensko. Postrojeni u koloni, trgovci i njihovi očevi, njihovih žena očevi, majke i deca; krojači, geometri, kafedžije, službenici, rabini, limari, obućari, jedan carinik, udovice i trudnice. U koloni novorođenče, rođeno trećeg dana Purima; na volujskim kolima iznemogli starac.

Pokret, na voz, pešice. Prolaze pored svojih radnji, već zaposednutih; pored kuća — iznet porculan, nameštaj; opustele, napustile ih i mačke. Oni iz radne brigade imaju cipele sa drvenim đonovima. Tup, tip, tup, udaraju u kaldrmu, odleže. Pod pazuhom stišću bajate hlebove; gladni šljapkaju kroz vodu, koja im, tekući iz Potoka sredinom ulice, niz čaršiju, šalje poslednji pozdrav mrtvih Jevreja, s Čivutskog groblja. Samo mrtav Jevrejin ne plaća carinu, samo mrtav Jevrejin slobodno prelazi granicu.

Plače novorođenče rođeno u kazamatu. Plaču deca, leleču majke. Oko kolone obigravaju stražari, znojavi, uperili pištolje, izmahuju psećim bičevima. Kogod imalo kroči izvan kolone — pukne mu po ledima ili glavi.

Ispred kafečajnica — kraj marta je, toplo — piju kafu, čaj, skupila se svetina, poredala uz drvorede.

„Pa, ljudi, vidite li šta rade od nas!" kroz plač, isprekidano, kaže mlada Jevrejka.

Muk. Kolona prolazi. Ništa.

U Torija, vidi Lazar, pogled mlade Jevrejke.

26

Zdrava, živahna i mlada ptica uzleti, prhne uvis, gleda svet odozgo: s grane na granu, kao pčela s cveta na cvet. Bolesna se pokunji i skloni sa dnevnog svetla, ne meša se s drugim pticama, u kakvom tamnom, osamljenom i sklonitom mestu, sama boluje svoj bol, drema, čeka ozdravljenje ili smrt. Vraneš je bio ptica čija duša namah živahno uzleti, prhne; namah ptičurina opuštenih krila, uvučena vrata, dremljiva i bolesna. Pesmom uzleti, vine se iznad smrtnika, odeven u ljubičasto i belo, ogrnut tankim plaštom, sa zlatnim vencem na glavi; ona, u belom, rasute kose, lete iznad polja, livada, reka i šuma.

Trgne se. Gleda Haruna zakrvavljenog oka, mlohavog Mezira, Unjkavog; tu su saz i darbuka, nigde Naile. Pusta varka. Umukne. Skupi se na stolici, bude mrav, nigde ga nema.

„Od bolesti moje telo strada, crna zemljo — jedina si nada", peva Harun, azijatski zavija.

Vraneš zaboravi — opet bude ptičica. Ne sluti da Angelina redovno uoči mlade nedelje u vatru baca so i barut; čara i kazuje: „Ovo ne puca so, već Vraneševo srce, ovo ne plamti barut, već njegova krv. Ne smirio se, dok se kući ne vratio!" Ne zna da uoči mlade nedelje donosi zemlje s grobova, zemlju baca na njega. Šta sve ne čini, da ga s pameću sastavi?

Baca valike čini, omrazu; koru dunje poškropi mačjom i pasjom krvlju, okrvavljeno komade baca u Nailinu avliju; uzima jaja od crnih kokošiju, drob i krv od praseta; reže nokte, prži ih. Od prženih nokata i pseće krvi umesi zrnca, ne veća od pšeničnih. Nadeva im imena: šarenac, satanac, đavolak. Zrnca stavi u tepsiju, zalije ih vodom. Uoči mlade nedelje odnosi tepsiju da prenoći na nekrštenom grobu. Dođe noću đavo da se kupa u tepsiji. Zapuhne zrnca, zalegu se vragovi. Podmiti Patuljka da joj u kafu stavi zrna, kad popije da zrna počnu da rastu; vragovi dorastu do malih belih miševa i Naila poludi.

Uzalud. Naili ništa. Vraneš vileni. Udara darbuka, jeca saz; on od Hajkune gradi Anđeliju. Stepenište masivno, granitno. Levo i desno svet se razmiče. „Ono što je bog sastavio, čovek da ne rastavlja", čuje. Miriše tamjan. Nailina bela venčanica se vuče niz stepenište; zvona.

Pred očima mu se zabelasa. Palcuhom desne ruke stiska naslon stolice. Po ramenu ga tapše Harun, nadvio se.

„Život je vesela pojava", kaže. Iz usta mu zaudara na rakiju, kao da je u „Granati".

Dovukli Majora, Hapa, Džokeja. Žene Hapa Jarcom. U jenđama Huta. Sastavili stolove. Hapo se otima, Jarac mršava, loša; on po čaršiji štipa superženske, kako će Jarca, nema za šta ni pas da je ujede.

„Navali, narode", uzvikuje Hasan na vratima „Granate", mlatara rukama, „da vidite šta je majka rodila, čemu se majka radovala. Rodila je ćerkicu od trinaest godina, carskoga reza, aparatnoga smrta. Navali, narode!"

Iljaz se cereka — Majora, prodavca vaški od žutice, opalio štapom Džokej, pljunuo ga. Gaji prema njemu klasni prezir. Zar njemu, džokeju kralja Aleksandra, logorašu u Osnabriku, vašljivi Major pod nos da podmeće teglicu s vaškama. Eto mu Hute, ona je ionako vašljiva.

„Navali, narode..." ponavlja Hasan sve dok se ne umeša milicija. Ko preživi raciju odlazi na „Bezistan".

„Gospod je velik, gospodar sveta, slava gospodu u visinama", odleže s minareta. Izvija se nad „Bezistanom", lebdi iznad Iljaza, Haruna, Salka. Izmaglica i tuga Vranešu se uvlači u dušu. Sumrak je. Pale se sijalice, bedemom, oko terase. Leto je, toplo, njemu u duši hladno.

U „Bezistanu" su trgovali mnogi: Turci i Srbi, Vlasi i Karavlasi, Dubrovčani i Cincari, Grci i Jermeni, Persijanci i Jevreji. Odobrenje da prodaje u „Bezistanu" i u svim drugim krajevima sultanovog carstva imao je i Ilija Nikole Radinov, Dubrovčanin. Robu je izlagao njegov sin Stjepan, baš tu na ulazu u nepokriveni deo „Bezistana", gde je letnja terasa; možda baš tu gde sedi Amina s Hasanom.

Iza tog Dubrovčanina, kad je umro, ostala je oporuka berberinu Marku da leči njegovog sina za dve aspre na dan, ostalo je na desetine pari čizama, mnogi pokrivači, dolame, košulje, ubrusi, škatula, zobun, bisage, dva pakovanja igala, 3.840 aspri gotovine. Iz te sume plaćen je ukop, kadijina usluga i carina.

Hasan dovukao Aminu iz „Kosova" — tu gde su nekad zalazili belosvetski trgovci, gospoda, secikese, razbojnici, prosjaci, ološ; gde su bogati umnožavali bogatstvo a siromašni siromaštvo.

„Samo malo da te pipnem! Evo, samo malo", kaže Hasan. Amina krešti, ustaje iza stola. Hasan je hvata za ruku, vraća na stolicu. Kad je pipne, ona skoči, zamahuje pesnicama, ljuti se — smeh.

„O'š da te udam za Majora, zlato", dobacuje Harun. Smeh.

„Slavite gospoda", odjekuje, „pobednika nad mrakom, iscelitelja, moju nadu i spas", odleže s minareta.

Svetiljke plamte — noć. U Vraneševoj duši — tuga.

Uz stepenište, na terasu ulazi Nesuh, prezrivo gleda.

„Šta je, kozo?" dobacuje Amini. Pijan je.

„Kozo", odzvanja u Vraneševim ušima, meša se sa zveckanjem posuda i čaša, uranja u romor glasova, u šuškanje Hajrijine svile; stapa se sa pesmom: „Kada umrem i ostane telo..."

27

Čovek, rođen od žene, zapisano je u Svetom pismu, kratkog je veka, poput biljčice poljske i senke koju načini grm kad sunce zakloni: bude i nestane. Mirisao se, spravljao kupke, valjao se po blatu, spavao u kanalu i pio unučad ispred trafika, a jeo s Pasjeg korita, izađe na isto. Ludo je i bezumno da bilo kuda ide. Odakle pođe, tu će se i vratiti. Bez vere, telo u čoveka boluje, stešnjena duša tuguje — setio se Lazar paroha Gligorija. Gadni smrdljivi čovek — rekla bi luda Mejra.

Koliko reči, poverljivih razgovora i laži! Obmana do obmane, laž do laži, neiskrenost do neiskrenosti!

Čovek je kao Torijev čukundeda — bude i prođe. Nema njega, nema sveta — vučje jazbine.

Gleda nebo, mrku krpu — tamni, umire dan; oblak — nebesko pile, skakuće; iz tame izranjaju zvezde. Gleda: postoji, skrene pogled: iščili. Razapet oblak bude pas, utvara, planina, nakaza, reka; poskakuje, pliva, migolji i menja oblik; vetar ga nosi, sabija; mine i vetar — bude i prođe.

Isto je: ono juče, i ovo danas, i ono sutra. Bolje da je majka rodila kamen, drvo, pticu, zver ili moljca — rekla je pesnikinja na poetskom času, u školi. Kao da je razgrnula Lazarevu dušu, zavirila u nju. Ptica kljuca, skakuće s noge na nogu; zver ima jazbinu, vreba plen, vijori lugovima, livadama, proplancima, vodu loče, plen kida; moljac nađe stan u dubu; kamen ostaje kamen.

Marti smeta njegov dah, omalovažava ga. Prala-ne prala, čistila-ne čistila — iz njenih usta zaudaraće, na kraju, strašno i nesnosno. Izniknuće zova — bazdika.

Bio jednom jedan čovek — pravedan, da pravednijeg nije moglo biti; miran, kakav se samo zamisliti može, učtiv. Uzalud. U toga čoveka bila zla žena, da gora ne može biti, jezika kao u zvečarke. Usta ne sklapa, kao trlica, melje povazdan. Ništa joj nije po volji, sve joj smeta. Snašlo čoveka zlo, pa to ti je. Pomirio se sa sudbinom, sklanja joj se s puta; još za zvezda ustaje, ide da radi, vraća se po mrkloj noći. Nije miran ni o slavi, ne može kako valja ni kolač da preseče. Zvoca. Teška i sebi i drugima.

Jednoga dana pala u postelju, pobolela se. Požutela joj krštenica. Požutela u licu, ječi, povraća zeleno, gusto, lepljivo, rastegljivo i slinavo — bazdovku. Zaudara, sve poguši. Otvaraju prozore, vrata, prave promaju, uzalud — ne može da se živi.

Svako zlo ima i svoje dobro. Jednoga jutra, našli je, razjapila vilice i isplazila jezik, ukočila se. U kući veselje, samo njen muž plače. Hoće čovek da se ubije. Navika. Voleo je. Jedva ga od groba odvojili, hoće da presvisne. U dobru je lako dobar biti. Čovek navikne lako na dobro, ali se i od zla teško rastaje. Takav je — proklet.

Prošla zima, otopili se snegovi, krenula trava; iz groba te žene iznikla zova, šiknula u nebo, rascvetala se, zakitila žutozelenim bazdikama, iz kojih se cedi lepljiva, smrdljiva tečnost, jed žene poganog jezika, koja je smetala i samoj sebi.

I iz Martinih usta, Lazar zna, zaudaraće.

Omalovažava, a ne zna da na sve isto izađe. Izvadiš kartu da otputuješ. Bolje da nisi putovao, bolje da si ostao. Kartu izvadiš, kartu vratiš. Gde si bio — nigde. Odeš u vojsku, služiš narod i državu, niti šta od toga ima vojska niti država. Voliš ženu, ljubavnicu, šmugneš od kuće, jašiš je, jašiš. Na kraju ništa. Jahao ne jahao, uzjahati je ne možeš. Zaseješ njivu. Nikne žito, poraste, uzri. Od žita praviš hleb — jedeš. Umreš. Stabljika dâ plod — ugine. Plod dâ stabljiku — ugine. Od stabljike do ploda, od ploda do stabljike!

Nebesko pile je skakutalo s noge na nogu, vijalo i razgonilo oblake. Kovitlali su, gomilali se i valjali — bivali crnpurasti, bledunjavi i mrki. Pile je izranjalo iz oblaka, udaralo krilima, kljucalo. Na drugom kraju nebeskog svoda zasjala je, izronila i ukazala se zvezda. Njena plavkasta svetlost, trepćući obasjala je svod, osvetlila nebesko pile, crne oblake. Jedan zračak zavukao se ispod klupe, pao na Torijev beli prsten. Tori je skočio, stresao se, kao da je izašao iz vode i izvukao se ispod nečeg teškog. Stao je ispred klupe, zagledao se u ostavu za drva.

28

Mesec odskočio visoko. Ukočio se. Razagnao noćnu tamu, svetli moćno, punim sjajem. Da je ko, s kakve uzvišice, gledao u varoš, gradske svetiljke bile bi spram njegovog sjaja kao svici krajem proleća — jadne, nemoćne, samo što ne izduše. Prosijava kroz krošnje, zavlači se u jaruge, obasjava krovove i dvorišta, izdigao se nad Vranešovom glavom.

Ciganin koji sedi u Mesecu, čim je Vraneš krenuo kući dograbio kleštima usijani mesečev kamen, raspalio po nakovnju: snažno, žestoko, muški. Da nije tog Ciganina Mesec bi grejao kao Sunce, da nije nakovca, u njegovim ušima ne bi dobovalo, tutnjalo, pištalo i odzvanjalo.

Vraneš stane, i Mesec stane, krene, i Mesec krene. „Av!" kaže. „Bammm!" odzvoni s Meseca. Isplazi se, uhvati se za jedno uvo, skače na jednoj nozi, vrti se ukrug. „Šta me gledaš?" pita. Krene, i Mesec krene. „Idiote!" uzvikne. Dođe do kapije, pretura po džepovima, traži ključ. Psuje.

Između njegovog i Lazarevog dvorišta ograda. Drma je. „Ja sam car", kaže. „Sprštiću te ko spicu!" veli. Sagne se. Napipa prut, prisloni ga na letvu, ide; štap dobuje o ogradu. Stane. „Ko će jače? Idiote!" uzvikne. Dođe spram klupe. Ispred nje — Tori, ukočio se, gleda udno bašte, prema drvljaniku. „Gde si, burazeru?" pita. Tori nepomičan. Mesečina. Podigao glavu, rep — ukočen, došao viši, kao da mu se noge produžile, gleda. „Tori", vabi ga Vraneš. „Tori, dodi", kaže, zviždi, oslanja se na ogradu.

Pas pride. Cvili žalosno.

Vraneš se sagne, pruža ruku kroz ogradu, miluje ga. „Kuco jedna bezobrazna. Šta ti je?" pita. Tori maše repom, cvili. „Idi spavaj, šta stojiš tu?" uzvikuje Vraneš. Uspravlja se. Kreće ka ulaznim vratima, u kuću. Tori se udalji, dođe do klupe, gleda udno bašte. Cvili. Vraneš ga ne čuje. Ciganin s Meseca raspalio po nakovci. Ulazi u kuću.

„Šta me gledaš?" uzvikivao je, trzao se u snu, prevrtao po krevetu. Hrkao. Pružao ruke prema Naili. Pevao: „Aj, kakve Hajka medne usne ima..."

Ustao je. Glava ga je bolela. Bilo mu muka, povraćalo mu se. Psovao je i sunet, i Mesec, i svoju ludu glavu, i Ciganina, i duše davljenika, koje o punom Mesecu izlaze iz vode, sede na vrbama.

Izašao je napolje, pred kuću. Ni traga od Meseca, otišao na počinak. Zakašljao se, protrljao oči. Ispred drvljanika ugledao je Torija. Smotan u polukrug, ležao je ispred ulaza u šupu. Zrak sunca, kroz odškrinuta vrata, obasjavao je Lazara — ispruženog, ukočenog, hladnog. Visio je obešen o kabl za struju.

REČNIK MANJE POZNATIH REČI

adar hebr. — šesti mesec građanske ili dvanaesti crkvene godine kod Jevreja.
aga tur. — vlasnik zemlje koju obrađuju kmetovi
ajet ar. — rečenica, deo rečenice ili skup rečenica iz Kurana
akrep tur. — mršava, ružna žena; svaka otrovna životinja
akšam tur. — sumrak
alah tur. — bog
asker ar. — turski vojnik
aspra grč. — sitan turski novac
avdes(t) tur. — obredno umivanje muslimana pred molitvu
avlija tur. — dvorište
azgin tur. — silovit, pomaman, snažan

bašibozluk tur. — neredovna i nedisciplinovana vojska
beg tur. — veleposednik u turskom carstvu
bisage lat. — dupla torba koja se prebaci preko sedla
boljar rus. — plemić, vlastelin
bošča tur. — marama kojom muslimanke kriju lice
božjak — prosjak, nesrećnik, propao čovek
buč(j)e — bukvik, bukova šuma
bukati — rasturati, razmetati, kopati rogovima

coptati — izvirati

čardak tur. — gornji sprat kuće, lepa kuća
čaršija tur. — trgovački deo grada

ćeramida grč. — ovalni crep za pokrivanje kuća

darbuka (dairbuka) *tur.* — mali doboš, istočnjački muzički instrument u obliku ćupa, prevučen s jedne strane kožom
derviš tur. — muslimanski kaluđer
doksat tur. — balkon, trem
dolap tur. — orman, škrinja
drvljanik — mesto gde se smeštaju i cepaju drva

dugum tur. — bakreni sud za vodu

goč — bubanj
goniometar grč. — uglomer, sprava za otkrivanje radio-stanica

hadžija ar. — hodočasnik na grob Hristu ili Muhamedu
hamajlija tur. — zapis, čudotvorni predmet koji štiti od zla
hamam tur. — tursko kupatilo, s parenjem
hodža tur. — muslimanski sveštenik

imam tur. — muslimanski sveštenik
izrimiti — odati se sladostrasnom, raspusnom i nemoralnom životu

jalija tur. — obala pored reke, poveće prazno mesto, polje, ledina
jaz — kanal za dovođenje i odvođenje vode
jenđa tur. — žena koja u svatovima ide po mladu, deveruša

kafečajnica — ugostiteljska radnja u kojoj se služe bezalkoholna pića
kajmakam tur. — okružni, sreski glavar
kanat tur. — krilo kola

kapidžik tur. — vratašca na ogradi između susednih dvorišta
karakondžula tur. — avet, utvara
kijamet (ski) tur. — sudnji dan, smak sveta
kiridžija tur. — najamni kočijaš, vozar
klepetalo — čegrtaljka
komita lat. — samostalni borac, odmetnik
košir — velika korpa od pruća u kojoj se, najčešće, nosi seno
kurban tur. — ovan koga muslimani kolju za Kurban-bajram
Kurban-bajram tur. — muslimanski praznik kad se kolju ovnovi kurbani

lila — tanak površinski sloj brezove ili trešnjeve kore
lubina — sušeni grudni i trbušni deo
lužiti — postupak pri štavljenju kože

mangal tur. — obična bakarna posuda u kojoj se raspaljuje ugalj
maslo — maslac
mejtef tur. — muslimanska verska osnovna škola
merhaba tur. — muslimanski pozdrav pri susretu
mezar tur. — grob
minare tur. — toranj džamije sa kojeg se pozivaju vernici na molitvu
minder tur. — dušek, šiljte koje se prostre po divanu
muftija tur. — najviši muslimanski sveštenik u nekoj oblasti
mujezin tur. — hodžin pomoćnik koji s minareta poziva vernike na molitvu
mutvak tur. — kuhinja, prostorija s ognjištem i ostava za jelo

nakovac — predmet koji se kuje
nišan tur. — nadgrobni kamen

nišador ar. — hemijski termin koji se odnosi na amonijum-hlorid, služi kao lek
nuska tur. — zapis pri vradžbini

oputa — tanka kožna vrpca
omar — zimzelena šuma, borova ili smrekova
ordija tur. — vojska

paša tur. — titula visokog dostojanstvenika u turskom carstvu
pervaz tur. — ograda
pincgauer — vojno terensko vozilo

rahmetli ar. — pokojni
ramazan tur. — mesec posta
rospija tur. — bludnica, zla žena

sadaka tur. — milostinja
saz tur. — istočnjački žičani instrument
sedef ar. — sjajni unutrašnji sloj školjke, služi za izradu skupocenih predmeta
smok — sir i kajmak
sokak tur. — uska ulica
somun tur. — okrugao hleb
spica — semenka
sprud — koralni ili peščani nanos koji se diže iz vode
sugreb — mesto na kojem su šapama kopali pas ili mačka, nečisto mesto
sunet tur. — obrezivanje muške dece

šadrvan tur. — vodoskok, obično kod džamija, česma
šašovak — tanke drvene pravougaone ploče za pokrivanje krovova ili plafona
šeh tur. — starešina tekije
šejtan tur. — đavo, vrag, sotona
šer ar. — zlo, pakost, smutnja

šerbet tur. — toplo piće od pečenog šećera i vode
šiljte tur. — tanak vuneni dušek za sedenje
šindra tur. — tanke daščice za pokrivanje krovova
škatula ital. — kutija
šorvan ital. — dukat, zlatnik

tabut tur. — daska na kojoj muslimani nose mrtvaca
teksirat tur. — nevolja, zlo
tenešir tur. — drveni sto na kojem muslimani kupaju pokojnika
turbe tur. — grobnica kod muslimana, mauzolej

valija tur. — sultanov namesnik u nekoj pokrajini
var — strast, vatrenost

zaptija tur. — stražar, pandur
zift tur. — crna naslaga od duvana u luli
zobun tur. — kaput od sukna
zurla tur. — duvački instrument

župan — poglavar oblasti

BELEŠKA O PISCU

TIODOR ROSIĆ rođen je 13. juna 1950. godine u Ušću. Diplomirao je srpskohrvatski jezik i jugoslovensku književnost na Filološkom fakultetu u Beogradu.

Objavio knjige poezije *Leptir* (1977), *Leteća kola* (poema, 1980) i *Izveštaj specijaliste* (1989), knjigu pripovedaka *Jarac koji se ne da uzjahati* (1987), knjigu eseja *Poezija i pamćenje* (1988), književnoteorijsku studiju *O pesničkom tekstu* (1989) i zbornik *Savremena poezija jugoslovenskih naroda i narodnosti* (1984).

Dobitnik je nagrade „Miloš Crnjanski".

Živi u Beogradu i radi kao urednik u BIGZ-u.

Fotografija
DIMITRIJE MANOLEV

SADRŽAJ

PSEĆA KOŽA   5

Rečnik manje poznatih rcči   121

BELEŠKA O PISCU   129

Izdavačko preduzeće
„RAD"
Beograd, Moše Pijade 12

*

Za izdavača
Milovan Vlahović

*

Recenzent
Dragan Lakićević

*

Lektor
Jovanka Arsenović

*

Tehnički urednik
Đuro Crnomarković

*

Korektor
Jelica Lazić

*

Grafička obrada teksta
Vesna Živković

*

Štampano
u 2.000 primeraka

*

Štampa
ČGP „DELO"
Ljubljana, Titova 35

CIP – Каталогизација у публикацији
Народна библиотека Србије, Београд

886.1/.2-31

РОСИЋ, Тиодор

    Pseća koža : roman / Tiodor Rosić. – Beograd : Rad, 1990 (Ljubljana : ČGP Delo). – 133 str. : slika autora ; 20 cm. – (Znakovi pored puta)

Tiraž 2000. – Beleška o piscu: str. 129.

ISBN 86-09-00281-0

ISBN 86-09-00281-0

www.ingramcontent.com/pod-product-compliance
Lightning Source LLC
Chambersburg PA
CBHW070944100426
42738CB00010BA/2127